Ⓢ新潮新書

平岡 聡
HIRAOKA Satoshi

言い訳するブッダ

1008

新潮社

はじめに

仏教は宗教です。当たり前ですね。

では「宗教のイメージは？」というと、「胡散《うさん》臭い／怪しそう／怖い」など、否定的なイメージが多いのではないでしょうか。

とくに仏教は、葬式の影響で、キリスト教のクリスマスに代表される「誕生」とは裏腹に、「死」を連想する人が多いはずです。そのような否定的なイメージを持たれている宗教としての仏教が、約二五〇〇年の歴史を有し、今もなお信仰されているのはなぜでしょうか。

仏教にたいする、そうしたイメージの背景には、檀家制度や世襲制度に胡座《あぐら》をかく出家者（もちろん、私も含めて）の態度も否定できません。残念ながら、高級外車を乗り回し、夜は京都の祇園で酔っ払い、普段はTシャツとジーンズで身を固めている出家者もいます（立派な人もいらっしゃいます。念のため）。このような出家者の態度が仏教嫌いを助長しています。「坊主憎けりゃ、袈裟《けさ》まで憎し！」です。

というわけで、私は出家者（ただし「端くれ」）として、少しでも仏教を身近に感じてほしいという思いから筆を起こし、本書をまとめました。書店に行くと、仏教に関する著書は数多く、その立ち位置はまちまちです。研究メインのもの、随筆的なもの、啓蒙的なもの、それこそアヤシイものなど多種多様です。では本書の立ち位置は――。

私はこれまで、研究書の出版を中心に何冊か仏教に関する著書を出版してきましたが、本書はこれまでとはずいぶん装いの違った内容に仕上げたつもりです。私は研究者なので、その中に研究の要素は入っていますが、仏教の知識がなくても、肩肘を張らず、気軽に読める内容にしました。

そのさいのキーワードは、書名にもあるとおり「言い訳」です。注意深く仏典を読むと、意外かもしれませんが、随所に涙ぐましいまでの言い訳が仕込まれています。

では、なぜ先人たちは必死になって言い訳をしなければならなかったのでしょうか。それは、「こうしたいという仏教者の理想」と「そうなっていない仏典記述の現実」との間に矛盾（齟齬《そご》）があったからです。

その矛盾の具体的中身は、「現実の仏典の描写と後に体系化された教理」（第一章・第四章）、「不合理な現実と合理的な人間の思考」（第三章）、「伝統と革新」（第五章）など、さまざまです。矛盾を矛盾のままで放置できない人間（仏教者）の脳は、その矛盾を何とか埋め合わせ、懸命に両者を橋渡しし、精巧に仏典全体の一貫性をもたせるため、「言い訳」をフルに活用したのです。その結果、期せずして仏教は〝進化〟することになりました。

よって本書では、その言い訳を丁寧に掘り起こし、その意味を探っていきます。「ほう、だからそんな言い訳してたんだ！」と思っていただければ幸いです。

近年は宗教がらみの事件が世間を賑わせることが多く、宗教は特に若い世代に敬遠されがちです。まさに最初に挙げた「胡散臭い／怪しそう／怖い」というのが宗教に対する率直な感想でしょう。しかしその一方で、宗教は人生を充実させるのに重要な役割を果たしてきたことも事実です。

そこで少しでも宗教を身近に感じてもらうために、もっとストレートに表現すれば、「宗教（仏教）なんか怖くない！」と感じてもらうために、「言い訳」に注目しました。

言い訳の背後には、聖典という仮面に隠れた聖典編纂者の素顔（本音）が必ず存在しているため、仏典は〝聖〟なる典籍でありながら、実に〝俗〟っぽい側面も持ち合わせているのです。聖典といえども、結局は人間が創作した産物なんですね。言い訳とその理由を知れば、仏教の本質が見えてきて、もう仏教なんて怖くない！

執筆の経緯については「おわりに」を見ていただくとし、本書は学問的な知見は踏まえつつも、笑いやユーモアを忘れずに執筆しました。関西人ゆえ、ボケとツッコミも随所にちりばめています。原稿を書き進めるに従い、仏典はなんとツッコミどころ満載な文献なのかと再認識しました。

当然のことながら、仏教研究を行ってきた私はこれまでにかなりの仏典を読んできましたが、今回の執筆を機に、新たな視点で読みなおすと、今までとは違った仏典の姿と対峙できました。その感覚を上手く本書で伝えられていたらいいのですが。では早速、仏教の〝言い訳ワールド〟にご案内しましょう。

言い訳するブッダ　目次

目次

第一章　眠らないブッダ

本章では、まず教祖ブッダにまつわる言い訳を見ていきましょう。ブッダも我々と同じ人間ですが、歴史とともに神格化され、ブッダゆえにできないこと、してはいけないことが次々と設定されていきました。さて、それは何でしょうか。我々が普通に行うことも含まれています（章題で一つはバレてますね）。では、一つ一つ見ていきます。

ブッダとは誰か

ブッダとは、古代インド語の Buddha をカタカナ表記したもので、中国ではこれを「仏（陀）」と漢字で音写しました。このように、インドで誕生した宗教である仏教の典籍が中国にもたらされると、中国人は自分たちの国の言語に仏典を翻訳したのですが、そのさい、二つの方法がありました。一つは〝意味〟で訳する「意訳」、もう一つは〝音〟で訳す「音訳（音写）」です。

意訳はよいとして、音訳は日本語にもありますね。たとえばアメリカのことを「亜米利加」、フランスを「仏蘭西」と表記するのがそれです。音訳の場合、そこに当てられる漢字には意味がありません。フランスが「仏」と関係あるわけではないのです。「仏が蘭を持って西に進んだ結果、できた国」という意味では決してありません。神仏に誓ってそう言い切れます。「独逸（ドイツ）」も「独身の人がボールを後逸したためにできた国」では絶対ありません。

このように、「仏（陀）」はブッダの音訳ですが、ではその意訳は何かというと、「覚《かく》者《しゃ》」です。つまり、ブッダとは「目覚めた人」を意味します。本来はそれほど特別な意味のない言葉でした。その例を一つ紹介します。ある仏教の研究者がインドを旅行したとき、現地のガイドは彼が仏教徒であることを知って、「私は毎朝、ブッダになります！」と冗談を言ったそうです。言われた研究者はびっくりしましたが、よくよく考えれば、それは「毎朝、目を覚ます」というだけの意味でした。

ただし、宗教的には「ブッダ」は特別な意味を持ちます。それはたんに毎朝目を覚ますというのではなく、「真理に目覚める」という意味が込められているからです。こうなると、ブッダになるのは簡単ではありませんね。ブッダは出家して六年間の修行のすえ、宇宙を貫く真理に目覚め、文字どおり「仏」となったのでした。

ブッダが生きていた頃は、ブッダのみならず、彼の教えに従って真理に目覚めた仏弟子は誰でも仏と呼ばれていました。しかしブッダの死後、時間の経過とともにブッダが神格化されていくと、仏をブッダに限定するようになってきます。

少しむずかしい言い回しが許されるなら、ブッダは普通名詞から固有名詞になったのです。こうなると「ブッダ」は特別な意味を持ち、信仰の対象や瞑想の対象、あるいは呪力を秘めた「音」としても機能するようになります（本書では、固有名詞の Buddha は「ブッダ」、普通名詞の Buddha は「仏」と区別して使います）。

面白いですね。「ブッダ」という言葉自体は何も変化していないのに、その意味内容が変化したことで、言葉の重みも変化しました。言葉はいわば「意味」を入れる「器」ですから、器は同じでも異なったもの（意味）が入る可能性があります。

最近の例で言えば、「三密」があります。新型コロナウイルスの蔓延により、今では誰でも知っている言葉になりましたが、仏教を研究している者が「三密」と聞けば、密教の「三密加持《かじ》」を思い浮かべるでしょう。
密教では人間（衆生《しゅじょう》）と仏とを本来同一とみなすので、衆生が身に印を結び（身密）、口に真言を称え（口密《くみつ》）、意（心）に仏を観じれば（意密）、それが仏の三密と呼応し、仏の加護（加持）を受けて、衆生が仏と一体化するらしいのです。「密閉・密集・密接」の三密とはずいぶん違いますね。同じ言葉とは思えません。しかし、器と中身は基本的に別物なので、こんなことも起こるのです。

ブッダの異名

逆に同じものを指す場合でも、言葉（表現）が異なることがあります。これもブッダを例に考えてみましょう。「仏」と「如来《にょらい》」は違うのでしょうか。「阿弥陀仏《あみだぶつ》」を「阿弥陀如来」とも言うように、二つは同じものを意味します。表現が違うだけです。ではここで、ブッダの異名を列挙してみましょう。

・「真如（真理の世界）より来た人（如来）」
・「供養に値する人（阿羅漢《あらかん》／応供《おうぐ》）」

・「正しく完全に覚った人（正遍知《しょうへんち》／正等覚者《しょうとうがくしゃ》）」
・「智慧と実践を具えた人（明行足《みょうぎょうそく》）」
・「〔真理の世界に〕善く逝ける人（善逝《ぜんぜい》）」
・「世間をよく理解する人（世間解《せけんげ》）」
・「この上ない人（無上士）」
・「人を巧みに導く人（調御丈夫《ちょうごじょうぶ》）」
・「神と人の師匠（天人師《てんにんし》）」
・「目覚めた人（仏）」
・「世にも尊い人（世尊）」

など、如来以外にも全部で一〇の異名があるのです。これを「如来の十号」と言います。言葉（表現）はすべて異なりますが、その意味内容は同じです。

話は変わりますが、刑事ドラマなどで、死者のことを「仏さん」と表現する場合があります。目覚めてもいないのに、というか、むしろ眠っているようにも見えるのに、なぜ「仏」と言うのでしょうか。おそらく、浄土教の影響でしょう。

特に日本で独自の展開をとげた浄土教によれば、念仏を称えれば阿弥陀仏の極楽浄土に往生すると説きます。残念ながら、極楽は「楽園」でも「終の棲家」でもなく、「修行の場」です。ただし、その名の示すとおり、環境が抜群に整っているので、いとも簡単に覚れてしまうのです。鳥の鳴き声さえ仏の説法として響くのですから当然ですね。労せずして覚れるので、極楽に往生することは、仏になることが約束されていることになりますし、短期間で覚れるので、死者が仏とみなされるようになったのでしょう。ただし、そのためには念仏することが条件なので、死んだら誰でも極楽にいけるわけではありません。

ブッダの身体的特徴

さきほど触れた「ブッダの神格化」にともない、ブッダの呼称だけではなく、身体的特徴（相）も新たに考え出されるようになりました。全部で三二あります。そのいくつかを紹介しましょう。「なるほど」というのもあれば、「なぜこれが？」という奇抜なものまで多種多様です。

まずは「なるほど」から。「歯が真っ白である」というのは納得できます。ブッダの歯が黄ばんでいるのは想像したくありません。ブッダの歯は四〇本あるといいます。人間の歯は三二本なので、八本多いですが、これもブッダが常人でないことを考えれば、「さもありなん」ですね。皮膚は滑らかで金色で、垢がつかないというのもいいでしょう。垢まみれで不潔なブッダも見たくありません。

では逆の「なぜこれが？」を紹介します。ブッダの体毛はすべて上方になびき、しかも右に旋回しているというのです。思わず「なんでやねん！」とツッコミたくなるでしょう。

体毛もすごいのですが、ブッダの舌もすごいのです。政治家などが雄弁に演説することを「長広舌を振るう」といいますが、じつはこれも三十二相の一つです。ブッダの舌は顔全体を覆うことができるほどに薄くて広いのです。何のためなのかはよくわかりませんが、これで驚いてはいけません。

大乗仏教になると、この長広舌の表現は宇宙規模にまで飛躍を遂げます。『阿弥陀経』によれば、仏の舌は「三千大千世界を覆う」というのです。ここまでくるとＳＦの世界であり、スピルバーグに任せるしかありません。ちなみに「三千大千世界」とは千の三乗の世界のことなので、もう完全に想像を超えています。インド人の想像力は桁違いですね。
これ以外にも、仏像に反映されている身体的特徴を三つ紹介します。まずは手の長さから。体をまっすぐ伸ばし、直立した状態で、ブッダの手は膝まで届くといいます。仏像を見ると、確かにブッダの腕は長めに表現されています。

つぎに、視点を顔に移しましょう。まずは眉間に注目すると、渦巻きのようなものが描かれています。これは「白毫《びゃくごう》」といって、眉間には右に旋回する白い毛があります。大体の仏像にはちゃんと描かれていると思います。つぎに頭を見てください。頭頂が少し盛り上がっていませんか。これを「肉髻《にっけい》」といいます。

また、ブッダの足は扁平足であり、足の裏には輪相が描かれています。仏足石でおなじみの図柄であり、ご覧になった方もいるでしょう。このように、すべてではありませんが、三十二相のいくつかは仏像に反映されているので、これを知っていれば、仏像を見る目も変わるかもしれません。

私は大学院を満期退学した後、浄土宗から奨学金をいただいてアメリカのミシガン大学に留学する機会を得ました。私の尊敬する仏教学者のルイス・ゴメス先生がそこで教鞭をとっていたからです。留学中に先生から直接聞いた話ですが、かつて学生に三十二相を説明し、宿題としてその身体的特徴をすべて反映した絵を描かせたそうですが、できあがった絵はすべて化物のようだったと述懐されていました。

確かにこれをすべて視覚化すれば、とんでもない姿になるでしょう。なぜ古代のインド人がこれを偉人の身体的特徴として選んだのか理解に苦しみますが、美的感覚は地域によっても時代によっても異なります。

ブッダは眠らない・ブッダは夢を見ない

前置きが長くなりました。では最初の「ブッダの言い訳」について考えてみましょう。ナポレオンは睡眠時間が短かったことで有名です。一説には三時間だと言われていますが、それは昼寝をしていたからだという説もあります。一方、睡眠時間を長く取ったのが天才アインシュタインでした。一〇時間は寝ていたようです。普通の人は一日の三分の一に当たる八時間程度と思われますが、ブッダは睡眠時間ゼロでした。

「いくら超人ブッダとは言え、睡眠時間ゼロはないでしょ！」とツッコミたくなりますが、本当なんです。なぜか。それは「ブッダ」だからです。「それでは説明になっていないじゃないか」と、さらなるツッコミが入りそうですが、ブッダの意味を考えてください。そう、「目覚めた人（ブッダ）」が「眠る」のは矛盾していますよね。だから、ブッダは眠らないのです。

とは言え、人間ブッダは実際には眠っていたでしょうし、夢も見たはずです。本人に聞いていないので、「本当か⁉」と凄まれると、私は気が弱いので、「多分、本当です」と声を小さくして自信なげに答えておきます。普通に考えると、人間であるなら睡眠はとったでしょうし、夢も見たでしょう。

しかし、当時にもそのようなツッコミを入れる人がいたと推測されます。それが仏教内部の人間（出家者・信者）か、あるいは外部の人間（他宗教の人・敵対者）かはわかりませんが、ともかく理屈っぽい人はいつの時代にもいたようです。

経典が編纂された時点で、そのような記述もあった可能性はありますが、時の経過とともにブッダが神格化されてくると、「目覚めた人（ブッダ）が夢を見るのはおかしい」といちゃもんがつけられ、「確かに」「いかにも」と整合性を重視する出家者は、その修正に乗り出します。「ブッダになってから夢を見た」というような記述は削除されたかもしれませんが、ブッダになる前なら許されます。そこで、実際の経典では、ブッダになる前に夢を見た場合は、「菩薩《ぼさつ》であったときに」という「断り書き」、つまり「言い訳」が執拗に挿入されました。

菩薩とは「仏になる一歩手前の状態」と理解しておきましょう。つまり、「ブッダになる前なんだから、夢を見ても問題ないでしょ。だって目覚めてないんだもん」と言わんばかりに、「菩薩であったときに」という言い訳をかましてくるのです。

「ブッダは夢を見ないけど、夢を見たのは菩薩なんですよ。菩薩なんだからまだ覚ってないし、夢を見てもおかしくないじゃないですか！」と、読者の両肩をつかんで前後に大きく揺すりながら説得するようですね。まあそこまでしつこくは言わなかったでしょうが、そのような声が聞こえてきそうなほどに、言い訳をしています。

ブッダが菩薩時代に見た夢は五つあり、経典はその一つ一つの内容に触れるのですが、そのたびに「弟子たちよ、如来・阿羅漢・正等覚者（ブッダ自身のこと）が正しく目覚める前、まだ目覚めていない菩薩であったときに、五つの偉大な夢を見た」というフレーズを挿入してきます。

最初、原典を読んでこの表現にでくわしたとき、どうしてこんなにしつこく強調するのだろうかと不思議に思っていました。しかし、「そうか、ブッダは目覚めた人だから、夢を見るのは矛盾しているんだ！」という事実に気づいたとき、疑問が氷解し、妙に納得したのを今でも覚えています。研究の楽しみは、こんな小さなことにも宿っているのですね。一般の人から見たら、「幸せな奴だ」と鼻で笑われそうですが、これがたまらないのです。

こうして経典は時を経ながら、矛盾点を修正し、洗練された表現へと姿を変えていくのですが、たまに〝やらかす〟ときもあります。経典は他の経典などから、ある一部をコピペ（「コピー・アンド・ペースト」の略。つまり「引用」）する場合があります。そのさい、ここで見たように、それとはわからぬよう、引用による矛盾や不整合を隠すべく入念に修正が施されるのですが、たまにケアレスミスを犯しています。

原文を引用すると話がややこしくなるので、私の経験からわかりやすい同様の事例を紹介します。あるとき、学生のレポートに目を通していました。すると、その中に「すでに述べたように」で始まる文章があります。その前段を読んでも、それに関連する記述はなく、その内容はそこが初出です。またこれまでとは文体も異なっていました。

要するに、この学生はこの部分を別の論文からコピペし、なおかつ不注意にも、初出の内容なのに「すでに述べたように」を含めて引用してしまったのです。このような無断引用は「剽窃《ひょうせつ》」と呼ばれ、犯罪ですから絶対にやってはいけません。

このような「あら探し」も仏教文献の成立（どちらがオリジナルで、どちらがコピーか）を考える重要な手法となります。私も研究者になりたてのころ、同様の事例を発見し、文献の前後関係を明らかにした論文を書きましたが、これを発見したときも、アドレナリンが脳内を駆け巡り、幸せな気分に浸ったのを今でも覚えています。まさに、「幸せな奴」です。しかし、どんな小さなことでも、「第一発見者」になることが研究者の喜び（醍醐味）であることだけは、ここで強調しておきましょう。

同じ学問上の発見でも、自然科学と人文科学で世間の評価は雲泥の差。iPS細胞に代表されるように、自然科学の発見は世間にとって極めて有益です。それに引き換え、仏教学の発見はどうでしょう。私が仏教文献の成立を明らかにしたとして、So what?の世界です。「だから、何なの？」で終わり。それで世界は何も変わりません。何とも我々のやっている学問は空しいかぎりですが、「役に立つ／立たない」という経済原理・市場原理で学問を評価すること自体が間違っているのではないかと、人文科学の研究者の端くれとして、精一杯の負け惜しみを言っておきましょう。

瀬戸内寂聴さんの小説『釈迦』

話がずいぶん脱線したので、「眠らないブッダ」に話を戻します。さきほど指摘した「菩薩であったときに」という言い訳の背景に閃いた後、私は瀬戸内寂聴《じゃくちょう》さんの小説『釈迦』を読みました。瀬戸内さんは小説家でありながら出家者でもあり、京都に「寂庵」を結んで、一般の人々に面白おかしく説法されたことでも有名です。残念ながら二〇二一年、九九歳で亡くなられました。私も彼女の話を聞くのは大好きでした。出家されたこともあり、彼女自身の視点から仏教の開祖であるブッダのことを小説にされたのでしょう。私もお寺に生まれ、仏教研究の道に入ったので、瀬戸内さんからブッダはどのように見えているのだろうと、興味を持って読みはじめました。

実際の経典の記述に基づきながら、小説家としてのイマジネーションも働かせ、経典にはない記述も織り交ぜて話が進行します。さすが小説家ですね。しかしその中で、「ムムッ!」という記述に何度か出くわしました。以下、順番にその部分を紹介しましょう。まずは冒頭部分です。

雨の中をアンバパーリーの娼館から帰ったら、竹林の小舎の中で、世尊はまだ眠りつづけていられた。

いきなり出ました！　ブッダが眠っているところから小説が始まるのです。期待が持てそうですね。ワクワクします。ブッダ（目覚めた人）が眠っているとは、何とも素晴らしいオープニングではありませんか。瀬戸内さんはこのような書き出しで小説を始めています。

つぎの「ツッコミどころ」を見ていきましょう。言い忘れましたが、この小説はブッダの侍者であったアーナンダが語り手として話が進行します。そのアーナンダは眠っているブッダのそばに佇んでいましたが、以下はそのときの会話です。

「お目ざめでございますか、御気分は如何でございましょう」
「アーナンダか……夢を見ていたようだ。寝言をいわなかっただろうか」

またまた出ました！　ブッダ（目覚めた人）にたいし、「お目ざめでございますか」というのは、何ともパンチが効いています。アメリカのコメディに出てきそうなフレーズです。しかし、これはほんのジャブ。ブッダは「夢を見ていたようだ」と自らの宗教的属性（目覚めた人）を否定するような発言をし、さらに「寝言をいわなかっただろうか」とワンツーパンチでたたみかけてきます。聞いてみたいですね、ブッダの寝言。

仏教徒として、ブッダが寝言を言うシーンはあまり想像したくありませんが、瀬戸内さんの書くとおり、ブッダも人間ですから寝言も言ったでしょう。どんな寝言を言ったのか気になりますが、それは皆さんの想像にお任せし、つぎに進みます。

つづいてブッダは「出家する前のことを夢で見た」とアーナンダに告げ、その内容を詳細に語ります。経典では完全にアウトであり、タブーを犯すことになります。経典崩壊です。

小説は経典とは性質が異なりますから、このような表現も許されますが、仏教を研究した者の目には奇異に映る記述もあります。そんなことが気になり、小説を素直に読めないのは、職業病と言うしかありません。

これとは別に、経典には見られない描写も散見されます。一つだけ紹介しましょう。この時点でアーナンダは五一歳という年齢設定なのですが、その彼が自らの体の衰えを感じる場面です。

陰毛の茂みにきらりと光るような白いものを見つける。気づいたのはこれで三度めだ。はじめての時は反射的に引きぬいていた。二度めは苦い薬を噛むようにゆっくり引き抜いた。最初より痛みが残った。今も無意識に指がのびかけていたが、すぐ下着で掩ってしまった。肉体は老いるものだという法則の証しから目を逸らそうとする愚かさに唇が歪む。

「実際に見たんか⁉」とツッコミたくなるような具体的描写です。「ゆっくりと陰毛を抜いたら、さぞ痛いだろうな」と股間を押さえて想像しながらも、「よくぞ表現されました！」と感嘆の声を上げそうになります。仏典では絶対にない描写です。

さらに後半を見てみましょう。妻であったヤソーダラーも出家し、尼僧《にそう》となっていましたが、彼女が亡くなったという知らせを受けると、ブッダは「ヤソーダラーの死は、夢で知らせてきたので知っていた」と答えています。夢のお告げなんて、経典では絶対にタブーです。そもそも、仏たるお方、その程度のことは夢に頼らずとも超自然的な力（神通力《じんずう》）でわかるはずなのですが（神通力については、第三章でくわしく取り上げます）。

極楽に女性はいない・女性は仏になれない

　さきほど紹介した大乗仏教はさまざまな思想を生み出しましたが、その一つに浄土教があります。この世界から西方の彼方に、阿弥陀仏という仏が建立した「極楽」という浄土（浄らかな国土）があり、この世で念仏すれば、死後、その極楽に往生できるという仏教を確立したのです。

「本当にそんなところがあるのか。そもそも地球は自転しているんだから、西方なんて常に移動しているじゃないですか。宇宙のどこが西方なのかわからんでしょ」とツッコミを入れず、ここは素直に経典の記述に注目してみましょう。これは地動説が発見されるはるか前の話なのですから。

　浄土教をもっとも詳細に説くのが『無量寿経《むりょうじゅきょう》』です。それを見れば、極楽に往生する人はみな、男性に生まれ変わると言います。ということは、極楽には女性が一人もいないということになりますね。「一人も」です。結果として、極楽は男性ばかりの、じつに「むさ苦しい場所」と想像されます。

「念仏して往生できるのであれば、こんな楽なことはない。是非、私も往生したい」と思っている男性に、「ただし女性はいませんよ」と言うと、途端に掌を返し、「じゃあ、止めとくか」と言う人もいるのではないでしょうか。ちなみに、極楽にはお酒もありません。念のため。

では、なぜ女性は女性のままで極楽に往生できないのでしょうか。この事実をもって、「仏教は女性差別している」と指摘する研究者もいます。その理由を考えてみましょう。皆さんの意見はどうですか。それは、覚りに関して、男性よりも女性の能力が劣っているからでは決してありません。事実、ブッダの時代には女性も出家し、覚りを開いた尼僧さんもたくさんいました。

その覚りを開いた尼僧さんの言葉を集成した経典も作られました。『テーリー・ガーター』と言います。日本仏教学の泰斗・中村元《はじめ》先生はこれを現代語訳して出版されたのですが、『尼僧の告白』という意味深なタイトルがついています。では、「極楽に女性はいない／女性は仏になれない」理由を考えてみましょう。

これは一つの解釈ですが、さきほど紹介した三十二相の一つ「陰馬蔵相《おんめぞうそう》」が関与していると考えられます。字面からも何だか淫靡《いんび》な感じがしますね。そう、これは男性性器に関する特徴です。ブッダの男根は馬の男根のように、体内に隠れて外からは見えないようになっているという身体的特徴があります。衣の下とはいえ、男根が露出しているというのはブッダにとってふさわしくないと、当時の出家者は考えたのではないでしょうか。

ではこれをもとに、極楽に女性がいない理由を考えてみましょう。外から見えないとはいえ、男根があるということは、「ブッダは男性でなければならない」ということになります。極楽で修行すれば、ブッダになるのですが、女性がブッダになれば、三十二相のうち一つの相を欠くことになるので、女性のブッダはありえず、極楽にも女性がいないと考えられるようになったと推察されます。

これに関連して、もう一つの事例も紹介しておきましょう。女性が男性になる場合、死後に来世で性が変わるのは、輪廻《りんね》を前提にすれば、それほど違和感はありません。しかし今から紹介するのは、この世で性転換し、女性が男性に変身して成仏するという例です。

これは、日本では「南無妙法蓮華経《なむみょうほうれんげきょう》」で有名な『妙法蓮華経』、略して『法華経《ほけきょう》』に出てくる話です。サーガラ龍王の娘（龍女）は少女でありながら聡明であり、仏教の真理を覚ってしまいます。真理を悟ればブッダになるのですが、龍女というくらいですから、女性です。「女性がブッダになるのはまずい！」と思ったのか、経典編纂者は彼女を即座に性転換させ、男性に変身させてしまったのでした。そこまでやるか、という感じです。

それはそれとして、当時の人々はこのような話をどのように受け取っていたのか気になりませんか。科学万能の時代に生きる我々は、そのような話を聞いても「フィクションでしょ」で片づけられますが、紀元前後の時代、しかも聖なる経典に書かれていることですから、「フィクションでしょ」ではすまされません。かといって、そんな女性から男性に突如として変身した人は周りにいなかったでしょうから、どのような受け取り方をされていたのか、興味は尽きません。

仏像がなかった仏教

菩薩に関する言い訳をもう一つ紹介しておきましょう。これは仏像の誕生にまつわる話です。「仏教美術」という言葉があるように、仏教は多種多様な美術を生み出しました。仏像に彫刻、絵画に曼荼羅《まんだら》など、枚挙に暇がありません。特に仏像は仏教を代表する美術と言えます。

しかし、「仏教にはもともと仏像はなかった」と言えば、びっくりされるでしょうか。われわれ日本人にとってはきわめて常識となっている仏像が、本来は存在しなかったというのはにわかに信じがたいですが、事実なかったのです。偶像崇拝の禁止ですね。

イスラム教は偶像崇拝を徹底的に禁止します。神を何らかの形で表現することを忌み嫌うのです。しかし人間には創作意欲があるので、イスラム教の人々はそのエネルギーのはけ口を「紋様」に求めました。ペルシャ絨毯《じゅうたん》に代表されるように、イスラム文化圏の紋様の美術は瞠目すべきものがあります。

ではなぜ、偶像は禁止されるのでしょうか。ある時期まで、私も理解できませんでしたが、あるとき、ふと閃いたのです。そのきっかけは選挙のポスターを目にしたときでした。

選挙のポスターのみならず、人の顔がポスターとして街角に貼られていると、どうなりますか。時間の経過とともに、変化が起こるでしょう。どのような変化か。そうです、鼻の下に髭を落書きしたり、目にピンを押したり、口のあたりの紙を破いたりと、ポスターにいろいろなイタズラをしていきます。

これをみたとき、閃きました。「ああ、形にすれば、このような〝辱め〟を受けるんだ」と。バーミヤンの磨崖仏《まがいぶつ》がその好例です。高さ五五メートルにも及ぶ巨大な仏で、ユネスコの文化遺産にも登録された素晴らしい仏教美術なのですが、二〇〇一年、タリバンによって破壊されました。タリバンはイスラム教の過激派であり、偶像崇拝禁止の観点から、偶像たる仏像を破壊したものと考えられます。自宗の偶像ならともかく、他宗の偶像まで破壊しなくてもと思うのですが、残念でなりません。

いったん形で表現されると、それは壊される運命を背負うことになります。だから、絶対的に権威あるものを形で表現してしまえば壊される危険があるので、それを避けるために偶像崇拝を禁止したのではないでしょうか。仏教徒にとって、顔の壊された仏像は見たくないですよね。

古代インド語では「物質」のことを「ルーパ（rūpa）」と言います。漢訳されると「色」と訳されます。『般若心経《はんにゃしんぎょう》』の有名なフレーズ「色即是空《しきそくぜくう》」の「色」です（ちなみにアニメ「クレヨンしんちゃん」の主人公・野原しんのすけの家の床の間にも、「色即是空」の四文字が書かれた掛軸がかかっています）。これは動詞「ルプ（√rup）」から派生した名詞形ですが、「ルプ」とは「壊れる」を意味します。やはり、形にすれば壊れてしまうようです。インド人はなかなか鋭い！

というわけで、仏教も当初は偶像崇拝を禁止していました。しかし、さきほども言ったように、人間は生まれながらに創作意欲を持っているので、仏教徒は間接的であってもブッダを何とか形で表現しようとしました。たとえば、「菩提樹《ぼだいじゅ》」や「法輪」です。菩提樹はブッダがその木の根元で覚りを開いたので「覚り」を象徴しますし、また法輪はブッダの「説法」を象徴するので、ブッダの代替物にはもってこいでした。これなら破壊されても「木が倒れた／輪が壊れた」と〝言い訳〟できます。

菩薩像という言い訳

こうして、しばらくはブッダを人間の姿で表現することはなかったのですが、紀元前後、ガンダーラ（西北インド）とマトゥラー（北インド）で仏像が創作されるようになりました。時間的にはガンダーラの方が早かったようです。西北インドに位置するガンダーラは古代の東西交易ルート上にありましたから、西方へレニズム（ギリシャ文化）の影響を受けたと考えられています。ギリシャでは神を人間の姿で表現することは普通でした。だからガンダーラの仏像はギリシャ的であり、現実的な表現にその特徴を認めることができます。

　では、マトゥラーはどうでしょうか。マトゥラーではガンダーラでの仏像出現に刺激を受け、自分たち独自の手法で仏像を製作しました。それは写実的ではなく、観念的な理想美を追求した仏像です。またマトゥラーの仏像で注意すべきは、その造形表現が明らかに仏像なのに、銘文には「菩薩像」と記されている点です。何か臭いますね。〝言い訳〟の臭いがプンプンしてきます。

　その理由は何でしょうか。仏教美術研究者の高田修先生によれば、「菩薩像の出現は、伝統的な仏像不表現（理念）と仏像の流行（現実）の妥協の産物だったと考えられる」と言います。簡単に言えば、「覚りを開いたブッダの相貌は一切の表現を超越しているが、覚る前の菩薩の相貌なら具体的な姿形で表現してもいいでしょ」という〝言い訳〟なのです。

「あっ、これですか。仏像じゃないですよ。菩薩像です。ブッダはあらゆる表現を超えてますからね。そのようなお方を形で表現するという大それたことなど、敬虔な仏教徒である私にはできませんし、するはずないじゃないですか。菩薩像に間違いありません。作った私が申しているのですから、間違いありません。どうみても仏像に見えるって？　目の錯覚です。菩薩像に決まってるじゃないですか」という長々とした言い訳を、マトゥラーの仏像、じゃなかった菩薩像（あくまで菩薩像です）の製作者が言ったかどうかは不明ですが。
夢にせよ仏像にせよ、何かにつけて菩薩は〝言い訳〟の材料として使われることがわかりました。

仏はダメだけど菩薩なら……

夢と仏像の出現以外にも、菩薩が言い訳に使われるもう一つの例を紹介しましょう。これは文字レベルで明確に言い訳しているのではありませんので、お気をつけください。菩薩の存在が仏像の出現に寄与したように、菩薩の出現は、観音菩薩や地蔵菩薩など、救済に関して仏と何ら変わらない菩薩の登場にも一役買いました。
菩薩は本来、ブッダが覚りを開くまでの呼称でしたが、大乗仏教になると、ブッダを模範として修行し、覚りを目指す大乗仏教徒も自分たちを「菩薩」と呼ぶようになりました。さらに、それが理想化されると、観音菩薩のようなイメージができあがります。『法華経』を読むと、観音菩薩の救済力はブッダと比べても何ら遜色はないので、じゃあ仏と菩薩とは何が違うの、という疑問も湧いてきます。当然ですね。格付的には菩薩よりも仏の方が上ですが、実際の信仰レベルでは、仏よりも菩薩を信仰する人もいます。さらには仏や菩薩ではなく、明王を信じる場合もありますね。ではここで、仏と変わらない菩薩が誕生した背景を考えてみましょう。

その前提として「一世界一仏論」という教義を説明しなければなりません。そんなに難しくないので、ついてきてください。ブッダが神格化されると、ブッダの存在は唯一無二となり、他の仏の存在を認める余地はなくなります。権威ある存在が複数あると混乱しますし、ブッダの権威が揺らぎます。

こうして一つの世界には一人の仏しか存在しないという考え方が生まれました。これが「一世界一仏論」です。仏の力は絶大ですから、何をするにも、つまり救済に関しても一人で充分というわけです。この前提をしっかりと確立しておけば、我々の教祖ブッダの権威は永遠に保たれると、当時の出家者は考えたのでしょう。

ところが、です。ブッダは八〇年の生涯を閉じ、この世を去ります。ブッダの死後、彼の遺骨を安置した仏塔がインド各地に建立され、その仏塔が信仰の対象にもなりました。それで満足した人もいたのですが、満足できない人もいたようです。ブッダが亡くなって直接的なかかわりを断たれた人は、物言わぬ仏塔、いや遺骨では、自分たちを直接救済してくれないと考えたのでした。

悩める〝現在の私〟を救済してくれる〝現在の救済者〟を彼らは求めたのです。かといって、「一世界一仏論」の原則があるから、ブッダ以外に救済仏をむやみに求めることもできない。さあ、どうするか。もうおわかりですね。

おそらく、「現存せる救済者の希求」と「一世界一仏論の原則」との妥協が、仏と変わらない菩薩を出現させたと考えられます。ここでも、「仏はダメでも菩薩なら複数いて大丈夫」という発想です。人間、窮地に追い込まれると、こうまでして解決策を探り当てるようです。「窮鼠猫を嚙む」ではないですが、人間の想像力は無限大です。

これに関して、もう一つの言い訳を紹介しておきましょう。人間の要求は多種多様ですから、この世での救済者を「菩薩」に求めた人もいれば、依然として「仏」の存在を熱望した人たちもいました。

この場合は菩薩よりもハードルが高くなります。複数の菩薩はよいとして、複数の仏はどう担保すればいいでしょうか。ここでも追い込まれた人間は想像力をフルに駆使し、素晴らしい言い訳を発明します。それは「世界観を広げること」でした。

「一つの世界に一人の仏ね。なるほど、わかりました。そうだとしても、複数の仏の存在は担保できますよ。どうするかって。夜空を見上げてください。たくさんの星がありますね。この地球以外にもたくさん世界がありそうですよ。つまり、複数の世界を想定すれば、複数の仏がいてもかまわない。世界観さえ広げれば、複数の仏がいても問題ないでしょ！」というわけです。こうして最終的に世界は、さきほど説明した「三千大千世界」にまで拡大していきました。

この広大な宇宙の中、たとえば、西方の極楽世界には阿弥陀仏が、東方の妙喜世界には阿閦仏《あしゅくぶつ》がいると考えられるようになりました。こうなれば、後は雨後の竹の子のごとく無数の仏が誕生します。「雨後の竹の子」を実際に見たことはありませんが、おそらくニョキニョキとたくさん竹の子が生えてきたように、多くの仏がニョキニョキと、いや次々と誕生しました。何せ世界は千の三乗もあるのですから。大乗経典はまさに、こうして生まれた多様な仏たちの坩堝なのです。

菩薩時代の言い訳

ここで、ブッダが菩薩であったときの言い訳を一つ紹介しましょう。仏滅後しばらくして、ブッダの神格化にともない、「ジャータカ（ブッダの過去物語）」が創造されました。これは、インドに昔からあった輪廻思想に基づき、ブッダは今生だけでなく、過去世においても修行していたという考えによって創作された物語です。

パーリ語で伝承されているジャータカは全部で五四七話もあり、仏教内部で考え出された話もあるでしょうが、仏教外に起源を持つ話もかなり含まれています。日本で言えば、金太郎や桃太郎など、英雄譚は何でもジャータカになります。「じつは過去世でブッダは金太郎／桃太郎であった」と言えばいいからです。こうして、たくさんのジャータカ物語が創作され、その中でブッダは菩薩（覚りを求める人）として修行をしたと説かれるようになりました。

その中の一つに「捨身飼虎《しゃしんしこ》」という日本人にも馴染みのあるジャータカがあります。なぜ馴染みがあるかというと、法隆寺所蔵の国宝「玉虫厨子《たまむしのずし》」の側面に描かれているからです。さまざまな仏典で説かれていますが、ここではサンスクリット語で残されている『ジャータカ・マーラー』という仏典の話を簡単に紹介しましょう。

昔々、ブッダはバラモン（インドの正統宗教であるバラモン教の僧侶）として生まれました。あるとき彼は飢えた牝虎が出産したばかりの子虎を食べようとしているのを目撃し、自ら崖の上から身投げをします。そして、自分の肉体を餌として牝虎に布施することにより、子虎の命を救ったのでした。では問題の記述を紹介します。

牝虎は生命のなくなった菩薩の身体を見て、急いで走って食わんとして近づいた。
そのとき、彼の弟子は（中略）生命のなくなった菩薩の身体を牝虎が食べつつあるのを見た。

傍点部に注目してください。なぜ「生命のなくなった」ことを二度も繰り返しているのでしょうか。答えは簡単です。命ある身体を食べれば、牝虎は殺生《せっしょう》罪、一方の菩薩（ブッダ）は殺人幇助《ほうじょ》罪を犯すことになるでしょ。そうなれば、せっかくの布施も牝虎の悪業を助長することになるので、食べるときに菩薩は完全に死んでおり、〝生命のない単なる物質（肉体）〟になっていなければなりません。だから、「生命のなくなった」ことを強調していると考えられます。これも一種の言い訳です。

ブッダは何でも知っている?

話をブッダの時代に戻しましょう。

ブッダと同時代の偉人に、ギリシャで活躍したソクラテスがいます。高校の「倫理社会」の時間に勉強し、すごいことを考える人が二五〇〇年も前にいたんだなあと、高校生ながら感心したのを今でも覚えています。

そのソクラテスが説いた有名な「無知の知（知らないことを知ること）」は今でも私の座右の銘です。というのも、私は浄土宗の僧侶なので、「愚者の自覚」を説く法然《ほうねん》（浄土宗の宗祖）の教えと通底するものがあるからです。

「何でも知っている」と思った瞬間、人は向上することを放棄します。自分が何も知らないことを知ったとき、つまり愚者を自覚したとき、逆説的ですが、成長への道を歩みはじめます。素晴らしい教えですね。しかし、そうは言っても、「それ、知りません」と言うのは勇気がいります。

とくに、知っているべきことを知らないのはじつに恥ずかしいものです。だから私も、そのときは知ったかぶりをし、家に帰ってから辞書やネットで調べ、「なるほど、そういう意味ね」と納得し、翌日からはそれを一〇年前から知っていたかのごとく、その言葉を使うということもありました。ここで「懺悔」しておきます。ちなみに仏教ではこれを「さんげ」と読みます。

私の知り合いの先生の話をしましょう。その先生の友人は、何を言っても「知ってるよ。当たり前やん。知っているとも」という態度が常でした。どうみても「あなた、それ知らんでしょ」ということでも、「ああ、それね。知ってるよ」と返してきます。何を言っても「知らない」とは絶対言わないので、その先生は一計を案じました。あるとき、わざと間違った情報を提供してみたのです。するとその先生の友人は、「知ってるよ。そりゃそうだよ」と、いつもどおり返してきました。「ほら、ひっかかった！」。その先生が積年の鬱憤を晴らした瞬間です。

皆さんのまわりにも「知ったかぶり」をする人がいたら、試せばきっと引っかかると思いますが、人間性が問われるかもしれませんから、ここはじっと我慢し、人のことはとりあえず放っておいて、自分の成長に集中しましょう。

本題に入ります。私はインドの仏教説話文献を中心にさまざまな文献を読んできました。読んでいて、何度か同じ表現に出くわすことがあります。一回や二回なら読み過ごすのですが、それが三回、四回と数が増えるにつれ、「ん⁉　何じゃ？」と引っかかりを覚えるようになります。何でもそうですが、規則的であれ不規則であれ、同じものが何度か目に入ると、人間、気になりますよね。

それがここで取り上げる「ブッダは知っていて、わざと訊ねることがある」という表現です。皆さんはこれを見て、何か感じますか。私も当初、引っかかりは覚えたものの、「なぜこのように表現をしなければならないの？」という程度の反応で、それ以上ではなかったのですが、あるとき、その謎を解く表現に遭遇しました。それが「一切知者」です。

仏滅後、さまざまな点でブッダは神格化され、それは時の経過とともにエスカレートしていきます。身体的な神格化はすでに説明した「三十二相」ですが、精神的な特徴も整理体系化されていきました。さまざまな属性がブッダの精神的な徳を彩っていきますが、ブッダはあくまで人間です。覚りを開いたとはいえ、人間ブッダにだって知らないことはあったでしょうし、他者にものを訊ねたこともあったでしょう。経典は当初、それをそのまま表現しました。「ブッダは訊ねた」と。

しかし、ブッダの神格化に伴い、「ブッダは何でも知っている／知らないことは何もない」、つまり「一切知者」という属性がブッダに付与された途端、「ブッダは訊ねた」という表現は矛盾を孕む表現に変わります。「何でも知っているのに、どうして他者に訊くのだ」と、私のような人がきっとツッコミを入れたのでしょう。この矛盾を解消するために、「ブッダは知っていて〝わざと〟訊ねることがある」という言い訳が誕生したのではないかと私は考えています。

このフレーズを見るたび、「わかってますよ。わかってますが、知ってて故意に訊くこともあるんですよ。いやあ、本当は知ってるんですよ。でも、でもですよ。訊ねることが場合によってはあるということを、どうかわかってほしい。それだけなのです」と執拗に言い訳しているように私は感じます。

このように、「歴史を作ったブッダ」と「歴史が作ったブッダ」は乖離することがたまにあります。涅槃《ねはん》の世界に入ったブッダですから、この世に生き返ったりはしませんが、かりにこの世に生き返って、このような表現を目にしたとき、ブッダの反応やいかに。「さすがの私もすべては知らんぞ！」と、びっくりするのではないでしょうか。

ブッダは笑うのか

ここまで見てきたように、ブッダにはさまざまな制約がありました。寝てはいけないし、夢も見てはいけないし、質問もできないのです。うっかり「夢を見た」なんて言えば、「あなた、ブッダ（目覚めた人）でしたよね」と間髪を入れずに鋭いツッコミが入ります。「そうだった！」と内心では思いながらも、ポーカーフェイスを装い、「いやだなあ、菩薩だったときの話ですよ。あくまで昔の話」と慌てて言い訳がましく返答しなければならなくなります。

また、うっかり「これ、何でしたっけ？」なんて訊こうものなら、「あなた、確か一切知者でしたよね」という冷ややかな反応が返ってきます。「しまった！」と内心では思いながらも、心の動揺はおくびにも出さず、「いやあ、知っててわざと訊ねることもあるのですよ。あなた知らなかったの。いやだなあ、もう」とすまして答えなければならなくなります。

では、ブッダは笑ったのか、いや笑えたのか。これについては、今まで見てきたような教理的背景はあまりありません。では笑ったのかというと、笑っていなかったようです。「ようです」と書いたのは、そのような記述が仏典には見られないからです。しかし、仏典に見ないからといって、笑わなかったとは言いきれません。

仏典の記述はともかく、歴史的事実としてブッダは笑ったのか。人間ですから笑ったと私個人は思うのですが……。歴史的には知る術もなく、仏典にも記述がないので、手がかりなしですが、これには一つだけヒントになる記述があります。それが「ブッダの微笑」です。モナリザではなく、ブッダの微笑です。

アーナンダのダジャレが一〇〇回に一回くらい、ブッダの笑いのツボにスポッとはまったとして、手を地面に何度も打ち付けてゲラゲラと涙を流して笑う姿は教祖に似つかわしくありません。想像するのも憚られます。現実的にもそんな笑い方はしなかったでしょうが、微笑んだことくらいはあったでしょう。

覚りを開いたブッダは「牟尼《むに》」と呼ばれます。「釈迦牟尼仏」の「牟尼」です。これはインド語の「ムニ」を音写したもので、「沈黙の聖者」を意味します。だから、声を出して笑うのはもちろん御法度だったと思いますが、では微笑むのはどうか。それも沈黙の聖者にはあまりふさわしくなさそうです。沈黙の聖者に喜怒哀楽の感情表現は似合いません。でも人間ですから、少しは笑ったでしょう。成立の早い経典には微笑みの記述さえ見出すことができませんが、時代が下ると、微笑みの記述が解禁されるようになります。

しかし、沈黙の聖者ですから、ただ微笑むのではなく、それには何らかの理由づけが必要だと考えられ、後世の仏教者たちはブッダの微笑に新たな意味づけをしました。それは何か。

微笑めば、口が開きますよね。微笑みですから、その開き幅もわずかだったでしょうが、口が開きます。すると、どうなるか。〝何か〟が出るのです。言っときますけど、「涎《よだれ》」じゃないですよ。「歯」でもありません。じゃあ、何が出るか。「光」です。「五色の光」が出るのです。想像するに、美しい光景です。

しかし、ただ光が出るだけではありません。ブッダの口から出る光ですから、特別な光であり、その行き先は下と上の二手に分かれます。曲がるんです。下に向かった光は地獄に達し、地獄を巡回すると、その光に触れた地獄の住人たちは地獄の苦痛が和らぎ、悪業を滅して天界に生まれます。

一方、上に向かった光は天界を巡り、「無常・苦・空・無我」という仏教の真理を告げる声を発するのです。その後、それは再び急に曲がってブーメランのように戻ってくると、ブッダの体に消えていきます。「光って曲がりましたっけ?」という物理学の知識を振りかざして、この話にケチをつけるのは止めましょう。ブッダの口から出る光ですから、〝特別〟であり、こざかしい人間の知識では計り知れない異次元の光なのです。「光が声を発する」と聞いて、「光に声帯なんてありましたっけ?」というのはもってのほかです。

　これは「言い訳」とまでは言えませんが、沈黙の聖者の感情表現である微笑にたいし、いちゃもんがつけられる前に先手を打ち、特別な意味づけをした例と考えられるのではないでしょうか。

第二章　悪業をめぐる苦しい言い訳

第二章では、仏教の重要な思想である業報《ごうほう》輪廻、すなわち業（行為）とその果報に関するさまざまな言い訳を紹介しましょう。難解な教義の説明はなるべく避け（たまに顔を出すかも）、具体的な記述に注目しながら、この過酷な人生を仏教徒はどのように理解し、いかにして生きる意味を見出そうとしたのかを確認します。

仏教はなぜ輪廻を認めたのか

仏教は輪廻を説きますが、輪廻は仏教の専売特許ではありません。輪廻思想自体は仏教が誕生するはるか昔、すでにインドに誕生していました。そして驚くべきことに、最初期の仏教は輪廻を認めていなかったのです。「えっ本当?」と思われるかもしれませんが、じつはそうなのです。

何せ二五〇〇年ほど前の話ですし、ブッダに直接尋ねるわけにもいきませんから、文献を頼りに確認するしかないのですが、ブッダ自身は輪廻を認めていなかった可能性が高そうです。正確に言えば、死後世界を「ある」とも「ない」とも言わず、判断中止したということになります。実際に死後の世界があるかもしれませんが、ブッダはそれ自体を問題にしませんでした。

しかし仏滅後、仏教は輪廻を前提とした教理の体系化に大きく舵を切りました。これによって、輪廻は仏教の王道を歩む思想となります。これがなければ、そもそも浄土教なんてありえません。死後、阿弥陀仏の極楽に往生しようというのですから、輪廻あっての浄土教です。

それはともかく、ブッダの仏教は、生まれてから死ぬまでの「この生」の中で、つまりこの現実の人生の中で自己と向かい合い、自分の心を制御して、いかに苦から解脱《げだつ》するかを問題にしました。おそらく、これが仏教の原風景だったのではないでしょうか。じつにストイックな宗教です。ではなぜ、輪廻を認めない仏教が輪廻を認める仏教に変容したのか――？　まずはそのあたりから考えていきましょう。

人生は生きるに値するか

話は突然変わりますが、皆さんは人生には意味があると思いますか。あるいは、皆さんの人生は生きるに値する人生ですか。私がその答えを知っていて、上から目線で訊いているわけでは決してありません。人間なら一度は向かい合う問いでしょう。過去の思想家も哲学者も、この問いと格闘してきました。

それほどまでに、これらの問いは人間にとって本質的な問いです。でも納得のいく答えがまだ出ていないのは、逆説的ですが、客観的な意味で「人生に生きる意味はない」ことを意味しているのではないでしょうか。あくまで「先天的に決まったものとして（哲学用語では「先天的」を「アプリオリ」などと表現します。ラテン語です）」という意味です。だから逆に言えば、「各人が生きる意味をそれぞれ創造しなければならない」ということになります。

ちょっと説教臭くなりましたが、これが以下の話の導入になりますので、お許しください。では質問ついでに、さらに質問を。「皆さんはこの世界、あるいは人間の人生をどうお考えでしょうか。よい世界だと思いますか。いい人生だと言えますか」。答えは人によって違うでしょう。人生は素晴らしくもあり、過酷でもあり、また残酷でもあり。たとえば、冤罪はどうですか。やってもいない罪で逮捕され、何十年も刑務所生活を余儀なくされ、後に誤認逮捕であることがわかって釈放されるという場合があります。当人にとって、その何十年は一体何だったのか。無実が晴れる場合はまだいいでしょうが、無実なのに有罪のまま死刑に処せられるとしたら、その人生は一体何だったのか。人ごとであっても、何ともやりきれない気持ちになります。

逆に悪事を重ねても、お咎めなしで幸せに死んでいく人もあるでしょう。世界には独裁者と呼ばれる人がいます。わがまま放題で、自分の私利私欲のために他者の命を虫けらのように扱う人。見ているだけで不愉快になります。

さて問題はここから。このような状況は今に始まったことではないようです。古代インドでも、事情は同じだったでしょう。いやインドに限らず、この状況は地域と時代とを超えた普遍性を持ちます。ではこのような状況に、古代のインド仏教徒はどう対処したのか。

業報思想という言い訳

もう一度、極端な事例を二つ説明しておきます。一つは、善業《ぜんごう》を尽くしても、この世で苦杯をなめて生き、呻吟《しんぎん》しながら死んでいく人。もう一つは、悪業《あくごう》のかぎりを尽くしながらも、満ち足りた生活を享受し、最後まで幸せに死んでいく人。極端な例ではありますが、実際にこのような人はいますし、またそれを目にした人は、何か割り切れないものを感じます。「不条理」という言葉がピッタリな状況ですね。

人間は「意味」を求める生物なので、この二つのケースからはまったく意味を見出すことができません。だから人間は、それを不条理と感じます。ブッダのように、我々の人生を「この世の生から死」に限定すれば、まったく人生は不条理です。では、これを合理的に理解するにはどうすればいいでしょうか。答えは簡単です。それは我々の人生を「生前」と「死後」にまで延長すればいいのです。つまり輪廻を認めれば、この不条理な人生は一気に合理的に理解することが可能になりますね。

先ほど挙げた前者の場合は、死後、極楽で楽しい生活をする、後者の場合は、死後、地獄で苦に満ちた生活をする、と考えれば納得できますし、この不条理な人生にも生きる価値を見出せます。というわけで、後の仏教徒はブッダが判断中止した死後の世界や生前の世界を視野に入れ、輪廻を前提に教理を構築していったのでした。

こうして、業報の教理が誕生します。有名なのは、「善因楽果《ぜんいんらっか》／悪因苦果《あくいんくか》」あるいは「自業自得」という教えです。善業（善い行為）を原因として楽しい（好ましい）結果があり、悪業（悪い行為）を原因として苦しい（好ましくない）結果があるし、自分の行為の結果は自分自身が得るという教えが生まれました。

極めて常識的な教えですが、さきに紹介した極端な事例で確認したように、人生を「この世だけ」に限定すれば、これは必ずしも説得力を持ちません。しかし、輪廻を前提にし、生前と死後とを認めれば、これは人々を納得させる教えとして機能するのです。極論すれば、業報はこの過酷な人生を何とか生きていくための〝言い訳〟であるという側面もあるのではないでしょうか。

人間は社会を構成して生活する社会的動物ですから、業報なんてフィクションだとは正面切って言えません。そんなことを言えば、たちまち社会は混乱に陥ります。言い訳でありフィクションであったとしても、「善因楽果／悪因苦果」や「自業自得」を前提とすれば、とりあえず社会は安定します。

古代インドでも、「業の因果関係なんてない。すべては偶然が支配する」と唱えた思想家もいましたが、それが主流になることはありませんでした。そう言いたくなる気持ちは充分理解できますが、大勢の人々には受け入れられませんでした。なぜか。おそらく、倫理（善因楽果／悪因苦果）がある程度機能していると実感できたからでしょう。確かに例外はありますが、善業を積めば報われることもけっこうあるし、悪業を積めばそれに見合った罰を受けることもありますよね。まさに自業自得です。

このように「善因楽果／悪因苦果」という業の原則の妥当性は、人によって違うでしょうが、私は「七、八割くらいは言えてるかな」という印象です。人間の経験則に照らして「ある程度機能している」と実感できるからこそ、今でも人々に共有されているのでしょう。

問題は「その例外の二、三割をどう考えるか」です。人間はこの二、三割の例外さえも放置できないようです。仏教徒はこの二、三割のモヤモヤを解消するために、それを一〇〇パーセントにかぎりなく近づけて説明できる理屈を考え出しました。では実際に、そのような現実と教理のギャップを紹介し、それをどのような言い訳で会通《えつう》しようとしたのか、当時の仏教徒の涙ぐましい努力の跡を辿ってみましょう。

ところで、まだ「会通」を説明していませんでしたね。辞書的意味は、「経説の中の種々相違する異説について、表面的矛盾を除去し、深くその主旨を明らかにして、共通な趣意を見出すこと」などと説明されます。矛盾した二つが「会い通ずる」のです。これを使えば、仏説の表現を変えずに、「論理」を駆使して整合性を持たせることができますよね。本書ではこれ以降もこの用語を使いますので、覚えておいてください。

高弟マウドガリヤーヤナも殺された

普通の人、あるいは素晴らしい人が出家し、阿羅漢になって安らかな死を迎えた、というのであれば、注釈も言い訳も要らないのですが、現実にはそのような普通のこと（当たり前のこと）ばかりが起きるとはかぎりません。「事実は小説よりも奇なり」です。何事でも、例外的な事象にどう対処するかが大事です。私は八年間、大学の学長職にありましたが、時間を取られるのは、やはりこの「例外的な事象」でした。例外ですから「ルール（規定）」をそのまま適用できません。

古代インドでも、たまにこのような事象が生じました。その一つが「阿羅漢が他者に殺された」です。厳しい修行のすえに覚りを開き阿羅漢にまでなった人が、他者に殺されるという悲惨な結末を迎えるのですから、なんともスッキリしない事象です。哲学者のサルトルなら「それが人生」と割り切ってしまうでしょうし、禅宗の偉い坊さんなら「喝！」と警策《きょうさく》を背中に何発かパンパンと食らわすかもしれません。

初期に成立した経典で阿羅漢の死はそれほど問題視されなかったようです。たとえば、バーヒヤというお弟子さんは阿羅漢になりながら、牝牛に体当たりされて死んでしまいます。壮絶な死に方ですね。さすがインドです。今でもインドでは大都会に牛や豚が当たり前のように歩いています。信じられますか。牛に体当たりされて死ぬんですよ。他のお弟子さんが彼の来世をブッダに聞くと、ブッダは「涅槃に入ったのだ」、つまり「輪廻から解脱して、何にも生まれ変わらない」と告げて、はいお終い。

これを聞いて、「はい、そうですか」で終わらないのが人間。時代が下ると、阿羅漢が静かな死を迎えずに殺されてしまう事実は、脳（あるいは「心」）の中で居場所を見つけられずに暴れ回ったようです。だから、それを腹に収めるためには、何らかの工夫が必要でした。では、そのような例をいくつか紹介しましょう。まず取り上げるのは、ブッダの高弟マウドガリヤーヤナです。

ブッダにはさまざまな弟子がいました。後に十大弟子として整備されます。誰も個性的な弟子で、それぞれ得意分野があり、「～第一」という称号を得ました。たとえば、長年ブッダの従者を務めたアーナンダは「多聞《たもん》第一」です。彼は二五年間、ブッダに付き従い、常にブッダの説法を聞いていたからです。またシャーリプトラは「智慧第一」として有名でした。ときにはブッダに代わって説法をすることもあったようです。

さて、シャーリプトラと同様に、かつては同じ外道《げどう》の弟子であり、示し合わせてブッダの弟子となったマウドガリヤーヤナは、「神通第一」として名を馳せました。彼もブッダの弟子となり、懸命に修行して阿羅漢になるのですが、こともあろうに、彼は外道の者たちが派遣した盗賊たちに襲われ、非業の死を遂げてしまいます。

神通第一と称されたマウドガリヤーヤナが殺されるのですよ。おかしいと思いませんか。神通力が使えるのなら、そんなことは事前に察知して避けられるし、よしんば盗賊たちが自分を殺しにきても、神通力で彼らをやっつけることなど、いとも簡単にできそうなのですが、あえて彼は神通力を使いませんでした。「神通第一と言われながら、じつは神通力を使えなかったのでは」と訝らないでください。

神通力についてはこの後でくわしく取り上げますが、これはみだりに使うものではありませんでした。ましてや自己保身のために神通力を使うなど、もってのほかです。初期に成立した経典では、ただマウドガリヤーヤナが盗賊に殺されたとだけ記していますが、当時、これに納得できない人々もいたようです。

そのようなひねくれ者のいちゃもんに答えるべく、過去世の業を持ち出して言い訳するようになりました。後世の仏典によれば、そのときの情景を描写し、「マウドガリヤーヤナ長老は、自分のなした業がその果報を引き寄せてくるのを知って、逃げようとはしなかった」と言い訳するようになります。

この場合の「自分のなした業」とは、「過去世の悪業」であると想像できますが、自業自得の原則により、マウドガリヤーヤナはこの悪業の果報を避けることができず、それを甘受しました。もとは外道だった彼が外道の派遣した盗賊に殺されるというのは、外道たちの逆恨みだったのかもしれません。

阿羅漢にもなった人が自業自得の原則を忘れて逃げ回るのはみっともないことですから、逃げずにじっとしていたというのは、ある意味では堂々とした聖者の風格を現しています。弟子に命じて殺人を犯しておきながら、自分自身は逃げ回っていた、ある宗教の教祖とは比較になりません。

殺された阿羅漢は他にもいた

阿羅漢になりながら、最後には殺されてしまうのは、見方によっては可哀想にも思えますが、覚りを開いた人には、生をはじめ一切にたいする執着がありませんから、どのような最期を迎えても、まったく問題ないのです。可哀想だとか、非業の死を遂げたというのは、あくまで覚りを開いていない俗人の勝手な判断に過ぎません。

しかしながら、俗人はあくまで俗人ですから、その俗人がこの非業の死を腹に収めるには、それなりの理屈（言い訳）が必要になります。マウドガリヤーヤナの場合以上に、このような状況を詳細に説明する例を二つ紹介しましょう。いずれも阿羅漢になりながら、殺されるケースです。まずは、アショーカ王の弟ヴィータショーカの話から。

彼は仏縁を得て出家し、修行した結果、阿羅漢になりますが、刀で斬られて殺されてしまいます。当然、我々はこれに不条理を感じますよね。当時の人々も同じでした。ですから、つぎのような過去物語が創作されます。

ヴィータショーカは過去世で猟師でした。自分の猟場に独覚《どっかく》（単独で覚りを開いた人）が住み着いたことで鹿が寄りつかなくなり、猟ができなくなったことに腹を立てた彼は、その独覚を刀で斬り殺してしまいました。この業の果報として、ヴィータショーカは今生で阿羅漢になりながら、刀で斬られて死んだと説明されます。こう説明されると、

「それなら、まあ仕方ないか。さもありなん」と納得できますね。後づけの理由とはいえ、この不合理な話は合理を纏い、腹に落ちていきます。

つぎは、ルドラーヤナという王が出家して阿羅漢になるのですが、最後は刀で斬られて殺されてしまう話です。これを説明する過去物語の言い訳を見てみましょう。ここでもヴィータショーカと同様に、ルドラーヤナ王は過去世で猟師でした。同じく独覚のせいで不猟になったことを根に持ち、毒を塗った矢を彼の急所に放って、その独覚を殺してしまいます。

何をするんですか、ルドラーヤナさん、毒矢を、しかも急所に当てるとは！　さぞかし独覚も痛かったことでしょう。その悪業のせいで、彼は今生で阿羅漢になりながらも、刀で斬り殺されたのでした。

このように、二人とも独覚という聖者を殺したために、その業の果報として他者に殺されたことになります。わかりやすいですね。まさに業はそのまま逆の行為となって、ブーメランのように戻ってくるようです。お互いに気をつけましょう。

殺人鬼アングリマーラ

ではさらに、業に関する言い訳を紹介していきましょう。まずはアングリマーラの話です。アングリマーラとは「指（アングリ）の首飾り（マーラ）」を意味します。名前からして恐ろしいじゃないですか。彼は人を殺《あや》めてはその指を切り落とし、それで首飾りを作っていたので、そのようなあだ名がつきました。『羊たちの沈黙』や『ハンニバル』のレクター博士（アンソニー・ホプキンス）を彷彿とさせます。

しかし、彼はもともと善良な人間でした。彼の本名は「アヒンサカ（不殺生）」というくらいですから、生物を慈しむ優しい人だったのでしょう。その彼がなぜ殺人鬼になったのか。超善人が超悪人になり、またその逆もあるので、人間は何とも不可思議な存在です。では、その経緯を説明しましょう。

彼はある師匠に師事し、一生懸命に修行をしていました。あるとき師匠が外出したため、家には師匠の妻とアヒンサカだけになりました。何だか不穏なムードが立ちこめてきました。そう、皆さんの想像どおりのことが起こります。師匠の妻はアヒンサカを誘惑したのです。しかし、真面目なアヒンサカはそれを拒みます。師匠の妻と同衾するなんて、弟子としてはありえないからです。

さて、それを拒まれた妻はプライドをズタズタにされ、腹の虫がおさまりません。よほど彼女はセクシーで、自分の容姿に自信があったのでしょう。当然、乗ってくると思っていたのに、拒まれたのです。そうなると、愛情が深い分だけ、それを裏切られたときは憎悪の感情も深くなります。けっきょく感情の量は同じであり、ベクトルが違うだけなのですね。世間でもよくある話です。師匠が外出から戻ってくると、妻はアヒンサカが自分を陵辱しようとしたと嘘をつき、彼に濡れ衣を着せたのです。

それを鵜呑みにした師匠は激怒し、アヒンサカに過酷な行を課します。「一〇〇人殺してその指を切り落とし、その指で首飾りを作れば、おまえの行は完成する」と告げ、刀を彼に渡したのでした。「無茶言うなよ、そんなの行じゃないですよ」と言いたくなりますが、そこは物語の進行上、黙ってつぎに進みます。

師匠の命令ですから拒むこともできず、純朴なアヒンサカは町に出ては人を殺すようになります。最初は恐る恐るだったかもしれませんが、殺人を重ねるにしたがい、だんだん眠っていた凶暴性にスイッチが入っていきます。九九人まで殺し、あと一人というところで、なんと彼は道で母に出逢います。しかし、凶暴性に目覚めた彼は一〇〇人目として母を選び、殺そうとしたのでした。人間の怖さ、不気味さがよく表れていますね。

颯爽と登場するブッダ

さあ、この後、話はどう展開するでしょうか。ネタバレというほどでもありませんから、結論をさきに言いましょう。さすがに母を殺すことはありませんでした。では、どうして母親殺しを留まったのか。こういうときに登場する人は誰か。そうです、その人こそブッダでした。ブッダが登場して、彼の母親殺しを阻止します。

ドラマでも映画でも小説でも、こういうときに颯爽と登場するのが主人公ですが、仏典で言えば、もちろんそれはブッダです。京極夏彦の小説の主人公・中禅寺秋彦のように、カッコイイのです。では、その両者が対峙する緊迫した場面を紹介しましょう。アヒンサカは殺人鬼になっていたので、ここからは彼の呼び方を「アヒンサカ（不殺生）」から「アングリマーラ（指の首飾り）」に変えます。

ブッダを目にしたアングリマーラはブッダを殺そうとして追いかけるのですが、まったく追いつけません。これは、ブッダが一〇〇メートルを九秒台で走れるほど足が速く、アングリマーラを全速力で振り切ったというのではありません。念のため。そもそも、すでに説明したように、ブッダの足は扁平足なので、走るのは速くないと予想されます。というか、ブッダくらいになると、実際に走らなくとも、神足《じんそく》という不思議な力があるので、瞬時にすきなところに行けてしまいますから、ここではそれを使ったのだと推測されます（これについては次章で取り上げます）。

ところで、ブッダが短パンとランニングシャツ姿で全力疾走する様はあまり想像できません。中村光さんの漫画『聖☆おにいさん』なら、そのような姿で登場しても違和感はありませんが。この漫画、けっこう面白くて、ブッダがイエスと現代日本のアパートで同居するという設定なのですが、ブッダもイエスもTシャツとジーンズを着ていたり、スニーカーを履いていたりします。だから今後、短パンとランニングシャツ姿でブッダが登場する可能性は大いにあります。可能性大です。期待しましょう。

話を緊迫した場面に戻します。その後、アングリマーラがブッダに「止まれ！」と声をかけると、ブッダは言いました。「私は止まっている。動いているのはお前の方だ」と。しびれますね。私はこの件を読むたび、「かっこいーー！」と心で叫んでしまいます。これは決してブッダが自分の動きや他者の動きがわからなくなっているというような、ブッダの認知能力に起因するものではありません。

では、ブッダが全速力で走らず、またブッダの認知能力に問題ないとすれば、この記述はどう読めばいいのでしょうか。神足を駆使した可能性はありますが、訳がわかりません。でも、このつぎのブッダの言葉を読めば、謎が解けます。

「お前は誤った想いに駆られ、みだりに人を殺しているが、私は智慧を有しているから心は寂静で、すべての人々を憐れんでいる。私はお前を憐れんで、ここに来たのだ」

つまりこの「止まる／動く」は体の動きではなく、心の動きのことだったのです。アングリマーラの心は殺意で激しく揺れ動き、止むことがありません。一方、ブッダの心は一切の煩悩《ぼんのう》を滅尽し、静まりかえっています。まさに明鏡止水。これを踏まえて「私は止まっている。動いているのはお前の方だ」を読むと、「かっこいー!」。

さて、このブッダの台詞ですが、どのような声で発せられたのでしょう。相手を威圧するような甲高い声だったのか、あるいは低く静かな、落ち着き払った声だったのか。皆さんのご想像にお任せしますが、私は後者を採ります。ヘリウムガスを吸い込んだ後のような甲高い声は、どうみてもブッダに似合わないですから。

さて、この言葉に意表を突かれたアングリマーラは、憑物が落ちたように、刀を捨てると、ブッダの足元にひれ伏しました。中禅寺秋彦のように、ブッダもアングリマーラの憑物を落してみせたのです。この後、彼は出家して修行に励むと、最終的に阿羅漢になったのですが、これが後世、さまざまな問題を引き起こし、多様な言い訳を生み出すことになります。それをつぎに見ていきましょう。

悪人が阿羅漢になったら……

まずは、ここからの言い訳を理解するための前提をサクッと押さえておきます。

ブッダ自身は輪廻にたいする態度を保留しました。つまり、あるともないとも判断しなかったのです。哲学ではこの判断中止を「エポケー」と言います。ギリシャ語です。カッコイイので、これを使いましょう。ブッダは輪廻にたいしてエポケーの態度を貫きました。しかし後世、仏教は輪廻を前提に教理を構築していきます。本章で見たように、この不条理な人生を合理的に理解するには、生前や死後を視野に入れなければなりませんでした。こうして「善因楽果／悪因苦果」という原理原則が誕生します。

一方、仏教は、煩悩を滅して輪廻から解脱することを目指しました。煩悩を滅して覚りを開けば、輪廻から解脱して、死後、何かに生まれ変わることはありません。つまり解脱した人に来世はないのです。

アングリマーラは九九人を殺すという極悪業を犯します。全米史上、最悪の連続殺人犯サミュエル・リトルでさえ九三人ですから、九九人の殺人がいかに凶悪かわかりますよね。これほどの悪業を犯したわけですから、仏教の業報の原則にもとづけば、死後は地獄を這いずり回るような相当の苦を経験しなければならないはずです。死刑のない国では、懲役五〇〇年くらいの刑でしょうか（何の法学的根拠もありませんが）。

彼の行為は、この世でお咎めなしでも、死後は無間地獄で何年も苦しむ刑に値しますが、彼は覚っていました。つまり、彼は輪廻から解脱しているので、来世はないのです。言わば〝食い逃げ〟です。何だかスッキリしません。「九九人も殺して、地獄にも堕ちず、お咎めなしかよ！」と言いたくなりますね。

時の経過とともに、この話は古代インドでも人々の不評を買ったようです。文句も出たと想像されます。とすれば、経典編纂者も黙ってはいられません。「何とか、言い訳を考えねば」と頭を抱えたかどうかはわかりませんが、これを合理的に解釈しようとする動きが出てきました。後世の言い訳と比較するために、まずは何の言い訳もしない最初期の経典を見てみましょう。

最初の段階では、ブッダとの出会いがきっかけでアングリマーラが殺生を止め、出家して解脱したことが説かれているだけであり、殺生という悪業の苦果に関する記述はありません。それだけです。最初期はこれでよかったのでしょう。しかし、そのこと自体を問題視する仏典はあります。仏弟子たちがアングリマーラの死後について、「彼はどこに再生したのか」と話をしていると、ブッダがやってきました。ブッダが彼らに「何の話をしていたのだ」と訊くと（一切知者が訊いちゃいました！）、その話の内容を説明した彼らに、「彼は涅槃に入ったのだ」とブッダは告げました。

それを聞いた弟子たちは、こう言います。「あれだけ多くの人を殺しておきながら、彼は涅槃に入ったのですか！」と。この発言がすべてを物語っていますね。やはり、この話は当時でも問題だったようです。いつの時代でも、人間はこのような罪人に何とかそれ相応の罰を与え、罪を償わせたいと思うようです。

そこでこの後、少しだけブッダは言い訳をします。どのような言い訳だったのか。「彼は修行して善を積んだため、その善によって悪業は相殺されたのだ」と。善業と悪業とを差し引いて、悪業がチャラになったというわけです。チャラになったのですから、悪業の果報である苦果は経験しなくてもよいことになります。

でも、九九人の殺人ですよ。いくらなんでも、と呟きたくなります。だから、人々の溜飲を下げるために、さらなる言い訳の経典が創作されました。つぎの段階の言い訳を紹介しましょう。言い訳が増強されていきます。

小さな言い訳から大きな言い訳へ

では「善業による悪業の相殺」というレベルではなく、大きな言い訳をするために、新たな物語を創作した経典をいくつか紹介します。仏典はインドからスリランカなどの南方に伝わった系統（南伝）と、中央アジアを経て中国やチベットに伝わった系統（北伝）とがありますが、まずは、南伝の経典から見ていきましょう。その名も『アングリマーラ経』と言います。では、この話のプロットを整理します。

①ブッダはアングリマーラを教化する
②ブッダのもとで出家したアングリマーラを拘束するよう人々に懇願されたコーサラ国のパセーナディ王はブッダのもとに向かうが、ブッダがアングリマーラを見事に調御したのを見て退席する
③ブッダの助言を得たアングリマーラは難産で苦しむ女性のもとに行き、「出家してからはいかなる殺生もしていない」という「真実語」で母子ともに救う
④その後、修行に励み、阿羅漢となったアングリマーラが托鉢していると、他者が投

げた土塊・棒・小石が当たり、体に傷を負う。ブッダは彼を見て慰める

このうち、④のプロットが言い訳に当たる部分です。つまり、ここでアングリマーラは他者が投げた土塊・棒・小石に当たり、頭が割れるなどの大怪我をしているのです。何だか言い訳の臭いがしますね。その怪我の様子は「アングリマーラは頭が割られ、血が滴り、鉢は壊れ、衣は破れた」とあります。かなりの大怪我のようです。それを見たブッダは、アングリマーラを慰めて、つぎのような言葉をかけました。

「汝は耐えよ。汝は耐えよ。数年・数百年・数千年もの間、汝は地獄で煮られるべき業の果報を現世において受けているのだ」と。

大事なのは、ここです。このブッダの慰めの言葉こそ、業報思想と「阿羅漢に来世なし」との齟齬を可能なかぎり埋めようとした涙ぐましい努力の結果なのです。いじらしいくらいです。頭に大怪我を負ったとはいえ、いくら何でも、これが地獄で数千年苦しむ苦果と同じなんて、相当な無理がありますね。でも、阿羅漢になってアングリマーラに後生がない以上、このような記述が限界です。

この部分はまだまだ深く掘れるのですが、「毒を食らわば皿まで」にならない程度に、

軽く掘ってみます。問題は、この土塊・棒・小石による打撲が意図的かどうかという点です。『アングリマーラ経』の記述を見ても、人々が彼に怨みを抱いて故意に怪我させたのか、あるいは偶然投げた土塊・棒・小石が彼の体に当たったのかが曖昧で、判断がつきません。

経典によって、その解釈はさまざまなのですが、ここからは北伝の漢訳経典をいくつか見ていきます。

ある経典はアングリマーラが托鉢しに町に入るとき、子どもたちが彼にさまざまな道具で怪我を負わせたとしています。これによれば、アングリマーラを傷つけようとする意図が見られます。ただ、その主体は「子ども」としているところに、「つい遊び心で」という含みを持たせており、業報の原則は担保しながらも、阿羅漢を傷つけることへのささやかな抵抗感が垣間見られるのではないでしょうか。

また別の経典によれば、アングリマーラが托鉢を終えて町から出るとき、三人が別々に彼に怪我を負わせています。一人目は石を投げつけ、二人目は杖で打ちつけ、三人目は刀で切りつけています。これは偶然ではないでしょうから、意図的になされた行為であることは明らかですが、その動機は明記されていません。

さらに別の経典を見ると、それはアングリマーラに身内を殺された者たちの恨みに基づく行為であることが明記されています。さらにこの経典が今までと違うのは、このアングリマーラの怪我が「阿羅漢になる前の出来事」として処理されている点です。阿羅漢になった者がこのような苦果を経験することはふさわしくないという経典創作者の判断が働いたのでしょう。

最大の言い訳

そして最後に、もっとも強烈な物語を創造し、最大の言い訳をしている経典を紹介しましょう。漢訳の経典『賢愚経《けんぐきょう》』です。

ここでは、さきほど紹介した『アングリマーラ経』のプロット②で登場したコーサラ国のパセーナディ王がブッダのもとを訪れ、あの質問をします。「彼はあれだけ多くの人を殺しておきながら、その果報を受けないのですか」と。やはり、ここが問題のようです。それにたいし、ブッダは何と答えたか。気になるところですね。

ブッダは王に答えて言いました。

「アングリマーラは今、自分の部屋の中で地獄の火に焼かれている。その火は毛穴から出るほどであり、彼は極悪の苦痛を味わっている」と。

「石や棒で殴られる」よりは「地獄の火で焼かれる」方が、殺人という悪業の果報にはふさわしいですが、ここまでくると、今度は逆に現実離れし、リアリティを欠く結果になっています。「そんな状態では即死じゃん」と言いたくなりますが、そこはグッと我慢。

またこの経典が用意周到なのは、アングリマーラに殺された人々の過去物語も忘れずに説く点です。悪業を犯しながらアングリマーラが苦果を経験しないことに不合理感を抱くのと同じように、今生で悪業を犯していないにもかかわらずアングリマーラに殺められた人々にも不合理感を抱きますね。だから、この不合理感を解消するために、『賢愚経』は、「彼らは過去世で悪業を犯したから、今生ではその悪業の報いとしてアングリマーラに殺されたのだ」と説明します。徹底していますね。抜かりがありません。

ここまでやられると、ハリウッド映画のようにスッキリしすぎて、現実味がなくなります。ムシャクシャしたときにはハリウッド映画もいいのですが、人生はもっと不可解で不条理で、理屈では簡単に割り切れませんから、フランス映画やイタリア映画の描く世界観の方がリアリティがあります。ともかく、それぞれの経典はそれぞれの経典編纂者の意図を反映しながら、このように多様性を帯びるのです。

『アングリマーラ経』に埋め込まれたもう一つの言い訳

ここまで、アングリマーラの業報ばかりに焦点を当ててきましたが、じつは『アングリマーラ経』にはもう一つの言い訳が埋め込まれています。さきほどのプロットに注目してください。どこか不可解な記述、あるいは聞き慣れない単語はありませんでしたか。

それは③の「真実語」です。③のプロット自体はなくても全体の話に影響はありませんし、ここだけ後から挿入されたような印象を受けます。なんだか、刑事コロンボ、名探偵コナン、あるいは金田一耕助になったような気分です。この「小さな引っかかり」から、隠れた謎に迫ってみます。

まず、「真実語」の説明をしなければなりません。インドでは仏教誕生以前から、「真実」には不思議な力が秘められていると考えられていました。そして真実を口にした後、何かを願えば、その願いはその真実の力で叶うとされていました。日本の言霊《ことだま》信仰もこれに近いです。言葉には霊力があり、それを口にすれば、口にしたことが現実になるというやつです。ではこれを踏まえて、言い訳の背景を考えていきましょう。

ここには、現実社会と絶縁しては存在しえなかった当時の教団の実情が反映されています。出家者は世俗を捨てて出家してはいますが、修行に集中するために生産活動には携わらなかったので、衣食住のサポートをしてくれる在家信者が絶対的に必要でした。

これを踏まえ、アングリマーラを巡る当時の状況を律蔵（戒律に関する文献の集成）から紹介しましょう。律蔵ですから、アングリマーラの出家に関して、つぎのような規則が制定されます。

極悪人のアングリマーラが出家したことで、教団には悪評が立ちました。「どうして教団は札付きの殺人犯を出家させてしまったのか！」と、人々は憤り、失望し、謗ったのでした。それを聞いた出家者たちは「さあ大変！」とこれをブッダに知らせます。

そこで、この知らせを受けたブッダはつぎのような規則を制定しました。「札付きの殺人犯を出家させてはならぬ。出家させれば悪作《おさ》に堕す」と。「悪作」とは罪の種別なのですが、もっとも軽い罪です。

ここで重要なのは、悪作の罪を犯したのが「出家した悪人」ではなく、「出家させた出家者」である点です。「ちょっと待った！　そもそも彼を出家させたのは、ブッダさん、あなたじゃなかったっけ」というツッコミは、このさい控えましょう。ここでも、グッと我慢です（我慢ばかりですね。経典を読むと忍耐力が身につきます）。

規則は問題行動を受けてから制定されるので、この規則が制定される以前に出家を認められた悪人アングリマーラは、教団の立派な構成員になっています。それでも、「罪人が出家して出家者となり、その出家者が教団にいる」という事実は残るので、このような非難が世間の人々の間に燻《くすぶ》り続けたに違いありません。とすれば、自分たちに衣食住のサポートをしてくれる世間（在家信者）を敵に回したくない教団にとって、彼が罪人であったという〝過去の事実〟を補って余りある〝現在の真実〟が必要になってきます。それが、今ここで問題にしようとしている「不殺生の真実語」のプロットではなかったでしょうか。

出家したアングリマーラが乞食《こつじき》をしていると、難産で苦しむ女性に遭遇します。食後、ブッダのもとに戻った彼はそのことを告げると、ブッダは「私は生まれてから故意に生き物の命を奪ったことがありません。この真実により、母子とも安らかになるように！」という真実語をなすように勧めます。しかし、「すでに殺人を犯している自分が『生き物の命を奪ったことがない』と言うことは故意に嘘をつくことになります」とアングリマーラがブッダに言うと（なんと正直なのでしょう。こんな人が殺人鬼とは思えません)、ブッダはつぎのように指示します。

「ではアングリマーラよ、お前はその女性にこう言うのだ。『ご婦人よ、私は聖なる生まれによって生まれ変わって以来(つまり「出家してから」)、故意に生き物の命を奪った覚えはない。この真実によって、あなたも胎児も安穏になるように!』と」(確かに「出家してから」という限定をつければ、嘘をついたことにはなりません。これも巧みな言い訳です)。

このプロットには、出家の前後でアングリマーラのあり方を峻別する意図があり、出家前の不浄性を認めながらも、これを出家後の聖性でカバーしようとしています。つまり、彼は出家して「生まれ変わった」のであり、出家前のアングリマーラと出家後のアングリマーラは〝別人〟だと強調しているのです。これも世間の非難をかわそうとして捻《ひね》り出された言い訳の一つです。「出産」の場面設定もアングリマーラが新たな人間として〝生まれる(生まれ変わる)〟ことを象徴的に表現しているのでしょう。

足を怪我したブッダ

アングリマーラの話が長くなってしまったので、少し食傷気味の読者もおられるようですから、ここで再び教祖ブッダに話を戻しましょう。とはいえ、ここから登場するブッダは「教祖」とは言えないようなブッダです。教祖でないブッダとはいかなるブッダか、気になるところですね。「足を怪我したブッダ」という見出しも、それを暗示しています。これも業報に関連する言い訳です。

人間ブッダはもちろん眠り、夢も見ました。また、わからないことは人にも訊いたでしょう。でも、ブッダが神格化されるにともない、夢を見ることも許されず、人に質問することも許されない存在へと祭り上げられていきます。何と不自由な人生でしょうか。といっても、そのような存在になるのはブッダの死後ですから、ご安心ください。

さて人間ブッダは、実際にはさまざまな苦労や苦痛も経験されたと推察します。当時の出家者は野外で修行をしていたので、蚊にも刺されたことでしょう。蚊に刺されれば痛いし痒いし、掻きむしって少々血が出たかもしれません。爪でバッテンのマークをつけた可能性もあります。睡眠不足がたたって頭痛にも悩まされることがあったでしょう。消化不良の病を患ったり、背中痛に悩んだかもしれません。

バファリンもバンテリンもない時代、どのようにして頭痛や背中痛を和らげていたのでしょう。ムヒもキンカンもありません。ただし「陳棄薬《ちんきやく》」という薬は携帯していたようです。これは牛の尿から作られた薬で、何に効くのかは不明です。アンモニア系ですから、虫刺され用の薬だったのかもしれませんが、飲み薬という説もあります。だとすれば、何に効く薬なのかまったく見当がつきません。

乞食していても、時には粗末な麦しかもらえなかった日もあったに違いありません。その乞食からの帰り道、道端から突然、蛇が飛び出してきてビックリし、「ワオッ！」と飛び避けた瞬間、石に躓いて転び、足を擦りむいたかもしれませんよね。というわけで、大変長い前振りとなりましたが、ここではブッダの足の怪我を取り上げます。足を怪我したなんて、ブッダが身近に感じられます。

この足の怪我の伝承もさまざまな経典が取り上げ、またその解釈も一様ではありません。まずは最初期の伝承を紹介し、その後その伝承がどのように変容していくかを見ていきましょう。その変容の中には、ここで取り上げる言い訳も含まれています。

最初期の伝承によれば、ブッダがラージャグリハ（王舎城）の郊外のマッダクッチという場所に逗留していたとき、足を怪我しました。激痛を感じたとあるので、相当な怪我だったのでしょう。経典はそれ以上何も説明してくれませんから、それが骨折なのか切り傷なのかは不明です。どっちでしょうね。まあ、どっちでもいいです。ともかくブッダは足を怪我し、激痛に見舞われたのです。経典には「ブッダの足が石の破片で傷つけられた」と書かれています。しかし、ブッダは少しも取り乱すことなく、その苦痛を耐え忍んでいたと経典は記しています。

そりゃ、そうでしょう。その怪我を愚痴ったり、大声を上げて「痛い！　痛い！」と叫んだりするブッダは経典に描けません。私も仏教徒ですから、ここは実際にブッダが取り乱すことなく、じっと痛みに耐えていた姿を想像したいです。これが原初の伝承ですが、その後、この伝承はあらぬ方へと変容していくのです。どんな方向でしょうか。

この伝承を読むかぎり、足の怪我はブッダの「一人芝居」（といっても、演技〔怪我の振り〕ではありません）ですが、ある経典は〝誰か〟がブッダを意図的に怪我させたと説きはじめました。さあ、その「誰か」とは誰か。

その「犯人」にされたのが、デーヴァダッタです。彼にはさまざまな伝承がありますが、一般にはブッダの従兄弟とされます。教団を分裂させた張本人であり、ブッダにたいして多くの悪事を働いたことで有名です。たとえば、彼は発情期の象をブッダに放ち、彼を殺そうとしたと言われています。キリスト教のユダにも喩えられる人物ですが、これは本当に彼の仕業なのか、そのあたりを探ってみましょう。

逃げ回るブッダ

仏教説話を研究する私は、デーヴァダッタ伝承を整理する中で、デーヴァダッタは経典に説かれるような悪人ではないと思い至りました。そこで、国選弁護人よろしく、頼まれてもいないのに、自らデーヴァダッタの弁護士となり、彼の無罪を証明しようと決意しました。ここで取り扱うのは、その一つです。

本来、デーヴァダッタはきわめて純粋な修行者だったと思われます。しかし、純粋さゆえに教団という組織にはなじめず、また教団にとっても煙たい存在になっていきました。教団になじめなかった彼は、実際に教団を飛び出したのかもしれませんが、和合を最優先する組織はそのような行動を取るデーヴァダッタを許しませんでした。徹底的に排除していきます。

このようないきさつが導線となり、経典は彼を〝悪玉〟に仕立てていきます。その一つがこのブッダの足の怪我でした。その伝承を紹介しましょう。

犯行現場は霊鷲山《りょうじゅせん》という山の麓です。この段階で、最初期の伝承がすでにねじ曲げられています。なぜ「山の麓」でなければならなかったのか。これにはちゃんと理由があります。後で明らかになりますから、お楽しみに。ともかく、ブッダは霊鷲山の西側を散歩していました。そのとき、デーヴァダッタは霊鷲山に上り、ブッダを殺そうとして大きな岩を山頂から投下します……。

そうです、この話をでっち上げるために、犯行現場を山の麓にしなければならなかったのです。しかし、二つの山が相寄ってきてその岩を受け止めると（無機物の山が意志を持って動くなんて、すごいですね。道元《どうげん》も「山は動く」と理解します。難解な『正法眼《しょうぼうげん》蔵《ぞう》』と格闘してみましょう）、そのときの衝撃で岩が砕け、その破片がブッダの足に命中して怪我をします。足を怪我したブッダは、弟子たちに命じました。「ここは狭すぎる。私を担架に乗せてマッダクッチに連れて行け」と。

ブッダのこの指示は〝とってつけた感〟が半端ないですね。おそらく最初期の伝承では足を怪我した場所が「マッダクッチ」だったので、その伝承と無理矢理「会通」させようとした結果でしょう。また「ここは狭すぎる」というのも、いかがなものか。山の麓ですよ、じゅうぶん広いと思うのですが。いろいろな点でツッコミどころ満載の不自然極まりない伝承です。

この「ブッダの足の怪我」伝承、デーヴァダッタに濡れ衣を着せるだけに留まりませんでした。またまた、あらぬ方へと変容していきます。それが、本章のテーマである業報です。まずはその伝承を紹介しましょう。

前半の展開はほぼ同じなのですが、ここではその石を受け止めるのは、二つの山ではなく、そこに住んでいた夜叉です。彼はブッダに信仰心を持っていたので、ブッダを守ろうとその岩を受け止めますが、砕けた石がブッダに当たります。これも同じなのですが、その前段で、つぎのように表現されます。

ブッダはその石を避けるために四方八方に逃げ回りますが、その石もブッダについていきます。ブッダはさらに海中に潜るのですが、その石はブッダを追いかけていきます。怖いですね。もうホラー映画の領域です。さらにブッダは天界に上って逃げ回るのですが、その石が空に向かって上っていきます。重力もへったくれもありません。ここまでくると、今度はＳＦ映画の領域に突入です。

石は意志を持ってブッダを追いかけます。「石が意志を持つ」、いい表現ですね。

やがてブッダは逃げるのを諦め、元の場所に戻ると、その石はブッダの足に落ち、血が流れました。そして最後に、この話を締めくくる以下の偈文《げもん》が説かれます。

「空中でも海中でも山の間でも、天上でも地中でも、業の果報から逃げられる場所はない。空中でも海中でも山の間でも、天上でも地中でも、過去世で為した悪業の果報の災いからは逃れられない」と。

すごい言い訳がひっそりと埋め込まれています。なぜブッダは逃げ回ったのか。それは、ブッダは人々に「業の果報は決して滅しないことを示すためだった」というのです。いくら「人々を教化するため」とはいえ、あちこちを逃げ回るブッダは、教祖としていかがなものか。

しかし、これで驚いてはいけません。もっとすごい経典があるので、紹介しましょう。ここでのブッダは、およそ教祖にはふさわしくない行動に出ます。もっとストレートに言えば、「悪人ブッダ」です。教祖の名前の前に「悪人」をつけ、「悪人ブッダ」と書くのは仏教徒として大きな躊躇いを覚えます。

ブッダも悪人だった

では具体的にブッダはどのような悪業を過去世で積んだのか。気になる内容を紹介します。

業報思想の原則が過度に強調されると、当然ブッダが経験した現世での苦果は、すべて過去世の悪業に関連づけて説明されるようになります。ブッダも人間ですから、この世でさまざまな苦労や苦痛を経験したはずですが、後代に業報思想が整備されると、それが大胆にもブッダの過去世の悪業で説明されるようになり、それを説明する仏典まで作られるようになります。

まずは軽いものから紹介しましょう。ブッダは過去世で、過去仏の弟子たちに暴言を吐いたことがありました。この業の報いで、ブッダは今生で粗末な麦しか乞食でもらえなかったといいます。また過去世で医者だったブッダは、治療費がもらえなかった腹いせに、患者に不適切な薬を与えたことがありました。この業の報いにより、ブッダは今生で消化不良の病を患うことになりました。ん、どこかで聞いたような……。そうです、少し前にネタ振りしておいた内容です。

もう少しありました。頭痛を患ったことにも言及しましたが、これはブッダが過去世で魚が殺されるのを見て喜んだことが原因だと説明されます。もう一つ、背中痛もありましたね。これは何でしょう。過去世で力士だったブッダは、王の力士と相撲を取り、骨を折って殺したそうです。背中痛はその業の報いとされます。

もう教祖の面目丸つぶれですが、こんなもので驚いてはいけません。強烈なのをあと二つ。そう、殺人です。まずは一つ目。

ある山村に家長が住んでいました。彼はある女性と結婚して、男児が生まれました。やがて妻が死んだので、その家長は別の女性と再婚し、もう一人の男児を授かります。

さて、家長は長男のために嫁を迎えてやると、長男夫婦には多くの息子や娘が生まれました。しばらくすると、家長とその後妻は亡くなったので、家長の次男は長男夫婦のもとに行きました。すると長男の嫁は彼が夫の弟であり、独り身でありながら、家の遺産については半分の相続権があることを知ると、夫を唆し、弟を殺すように持ちかけます。

最初は拒否していましたが、何度も妻に言われているうちに、その気になり、弟を殺す決意をします。そこで兄は人気のない荒野で殺害しようと考え、弟を誘って荒野に出かけると、洞窟の中で弟を石で殴り殺してしまいました。

これを承けて、ブッダ自身がつぎのように業の因果関係を説明します。

「そのときの家長の長男は私である。私は財産目当てに荒野で弟を殴り殺したが、その業の果報として、何十万年という長きに亘って地獄で煮られ、その業の残余により、今生では覚りを開いた後でも、石の破片で足の指を怪我したのである」と。

さきほど取り上げた足の怪我は、ここでは殺人の業の残余だったと説明されます。足を怪我した言い訳としては、かなり大げさに思われるかもしれません。

つぎの殺人を紹介します。過去世で隊商主だったブッダは、もう一人の隊商主と海を渡り、宝島で宝を手に入れます。相棒の隊商主は注意深く荷を船に積みましたが、彼は雑に荷を積んだので、航海の途中で荷崩れをおこし、船が沈んでしまったので、もう一人の隊商主に乗せてくれるよう懇願しました。

すると、相棒の隊商主は親切にも一人分の重さの財宝を海に投げ捨てて彼を救出し、自分の船に乗せてやりました（なんと優しいのでしょう！）。しかし、ブッダは相棒にだけ財宝があり、自分はすべて財宝を失ってしまったことを妬み、船に穴を空けようとしました。相棒の隊商主はそれを止めようとしたので、ブッダはその隊商主を槍で刺し殺してしまいました。鬼ですね。自分を助けてくれた人を逆恨みするとは！

「このとき、殺人を犯した隊商主は自分であり、その業の果報として、何十万年という長きに亘って地獄で煮られ、その業の残余により、今生では覚りを開いた後でも、木が足に刺さって怪我をしたのである」とブッダは説明しました。

アングリマーラの悪業を指弾できないような悪行三昧《ざんまい》ですね。しかし、ここまでやられると、逆にその理由が気になります。教祖ブッダの面目を潰してまで、当時の経典編纂者が主張しようとしたことは何だったのでしょうか。彼らも仏教徒であるかぎり、ただ教祖の顔に泥を塗ることが目的だったわけではないはずです。

ではその理由を考えてみましょう。それは、戒律の乱れを背景にした綱紀粛正的な理由です。

時代が下ると、出家者の問題行動が目立つようになり、それは当然、在家信者も例外ではなかったと考えられます。そのような状況を改善するには、教祖ブッダさえも、業報の原理原則は超越できないと示すことが抑止力として機能したのではないでしょうか。

本章では、業報にまつわる言い訳を紹介してきました。ここでは、不条理な現実を何とか合理的に理解しようとする人間の必死の努力の結果が、さまざまな言い訳を産出したことを確認しました。逆に言うと、それほどまでに人生は不条理で過酷だということです。これは時代と地域とを越えた、人間の普遍的問題と言えそうです。古代のインド人も人生に悩んでいたのですね。

第三章　布教のための言い訳

前章で少し触れましたが、出家者とはいえ、世間との関わりをすべて絶って生活したわけではありませんでした。修行に集中するため、衣食住のサポートはすべて在家信者（世間）に頼らざるをえなかったのです。むしろ、自分たちが安心して修行に集中するためには、多くの信者を獲得する必要があったのです。ここでは、そのような仏教教団の布教戦略（政治）に関する言い訳を取り上げます。

六つの神通力

話の進行上、神通力の説明からはじめましょう。

日本でも、修行者の空中浮遊が話題になったときがありました。修行を長年積み重ねると、常人にはない不思議な力が備わるようで、それを「神（通）力」といいます。

一般的にも使われる単語ですが、その具体的な内容となると、あまり知られていません。修行を完成させて覚りを開いた人には、六つの不思議な能力（六神通《ろくじんずう》）が備わると仏教では考えられていました。逆に言えば、これを備えることが覚ったことの証明にもなったと考えられます。ここでは六神通を解説します。一つ一つツッコミを入れながら確認していきましょう。

まずは神足通《じんそくつう》。「神の足」というくらいですから、足が速いことだと想像できます。といっても、実際に走るわけではありません。前章ではブッダの神足に言及しましたが、仏弟子も覚れば、この力を備えたことになります。ゆめゆめブッダや仏弟子の短パンとランニングシャツ姿は想像しないでください。

実際にどう移動するのかは想像の域をでませんが、おそらく瞬間移動、ワープのような状態ではないかと勝手に思っています。ワープの辞書的意味は「SFに登場する空想上の現象。宇宙空間をひずませることにより、超高速で移動することをいう」です。私は高校二年のとき、物理の成績が「二（五段階）」だったので、「宇宙空間がひずむ」と説明されても、「何を仰っているんですか」状態で、まったくお手上げです。光の速度よりも速いらしいのですが、もう完全に限界を超えています。これを使って移動すれば、壁をもすり抜けられるというのですが、にわかに信じがたい能力です。

つぎは天耳通《てんにつう》。「天」も「神」の意ですから、これは超人的な聴力を意味します。「地獄耳」といったレベルではありません。そんなレベルではないのです。地球の裏側の音でも聞こえてしまうのですから。そんな音まで聞こえるのなら、さぞかしうるさくてしょうがないでしょうね。また聞きたくないことも聞こえてしまうのですから、天耳通を獲得すれば厄介だと思われるかもしれませんが、覚っているので、何が聞こえても気にはならないはずです。

つぎは他心通《たしんつう》。これは他者の心の中、つまり考えを知る能力です。これも微妙な能力ですね。相手が何を考えているのかわからないことは、ときに不便ですが、わからないからこそ暮らしていけるという側面もあります。想像してください。誰かと喋っているときに、相手の考えがすべてわかってしまうのですよ。心の中と言葉が一致していればいいですが、そんなことは経験からして、まれです。それが話をしている最中にわかってしまえば、会話が弾みません。

たとえば、私と話している相手が、「お年のわりにはお若く見えますよ。いや、ホントです。髪の毛だって、気にするほどじゃないし。それくらいの方が貫禄があって、かえっていいじゃないですか」というときの心を他心通で覗いてみると……。「特段、若いわけじゃないし、貫禄があるわけでもない。どこにでもいる普通のおじさんだわ」だったらどうですか。会話が弾むとはとうてい思えません。隠されていることのよさもある。「秘すれば花」です。

ジム・キャリー主演の映画『ライアー ライアー』は、息子の願かけが叶ってしまい、それまで嘘つきだった弁護士は嘘がつけなくなり、思ったことをすべて正直に口に出してしまうため、さまざまな問題を引き起こすというドタバタコメディーです。相手の心もすべてはわからず、また適当に嘘をつけるからこそ、我々はこの俗世間で何とか生きていけるのでしょう。

つぎは宿命通《しゅくみょうつう》。自己や他者の過去の出来事や前世を知る能力です。これが前章で扱った業報思想の過去物語の前提となります。ブッダはこれを使って前世の業を見通すのです。日本にも前世を占う人がいますね。水晶玉に両手をゆっくりとかざしながら、「あなたの前世が見えます。ええ、見えますとも。わかりましたよ。あなたは前世でエジプトの王、ファラオでした。間違いありません」、あるいは「あなたの前世はハエですね、ハエ。ブータンでビールに溺れて死んでます。即死ですわ」などと言われたら、皆さんは信じますか。

あと残り二つ。もう一息です。まずは天眼通《てんげんつう》から。これは何でも自由自在に見通せる能力です。人間には見たくないこともありますが、これを手に入れると、すべて見えてしまいます。競馬好きの人なら、ぜひとも手に入れたい能力ではないでしょうか。買う馬券をすべて当てることができるのですから。でもそうなると、逆に競馬の面白みもなくなるでしょう。すべてが見えてしまうのも考えものですね。

「外れるから当てたい」「禁じられるから、やりたい」のが人間の心理というか性ですが、それを見事に描いたのが安部公房さんの『砂の女』です（面白い小説でした）。子どもでも「やれ」と言えばやりませんが、「やるな」と言えば、やらかします。人間は先天的に、いやアプリオリ（前章で紹介したので、ここでも使っておきましょう）に天邪鬼なようです。

最後は漏尽通《ろじんつう》。「漏」とは煩悩のことなので、これは修行によって自分の煩悩が尽き果てたことを知る能力です。これがあるから、自分が覚ったかどうかがわかります。

以上、覚った人が備える超人的な力を見てみました。これらはいずれも我々の想像をはるかに超えていますが、ここまでではなくても、人間は何かに長年打ち込めば、きわだった能力が身につくことがあります。たとえば、一〇〇メートルを九秒台で走り、四二キロを二時間あまりで走るのも、私からすれば立派な超能力に思えるのですが、どうでしょうか。

神通力は見せびらかしてはいけない

覚った人の不思議な能力は、六神通に留まりません。覚った人は神通力を使い、マジシャンよろしく、さまざまなミラクルを現したと仏典には書かれています。このミラクルのことを「奇瑞《きずい》／神変《しんぺん》」と言いますが、本書では「神変」に表現を統一します。また、「神通力によってマジカルに作り出す」を、ここでは「化作《けさ》する」という便利な言葉を使うことにしましょう。

さて神変を化作することは、修行を積んだ人にとって難しいことではありませんが、自分の力を誇示するために使うことは禁じられていました。そりゃあ、そうですね。欲望や執着を断って無我を自覚し、解脱を目指そうとしているのに、自分の存在感を示すべく、「どやっ！」と言わんばかりの神変を化作するなんてダメに決まっています。「どや顔」の修行者など、ありがたくもなんともありません。

　でも、ブッダの弟子たちの中には、これを使う人がいたので、ブッダがそれをたしなめる話も見られます。それを紹介しましょう。

　ある長者の使用人たちは商売で財を築き、仏教の篤信家であった長者の息子に贈物をします。それは、牛頭《ごず》栴檀《せんだん》という芳香を放つ木の鉢に宝石を満たしたものでした。通販で買えば相当の値段がしそうな、というか通販では売っていない高級な代物です。それをもらった長者の息子は、それを自分のものとはせず、高い柱を立て、その上に宝石が一杯詰まった鉢を置くと、つぎのようなお触れを町に出しました。

「誰であれ、階段も梯子も使わず、自分の神通力でそれを取ることができれば、それは取った人のものとなる」と。

　そこを通りかかった外教《げきょう》の者たちは「彼は仏教信者だから、仏教の出家者がとるだろう」と、そのお触れを無視しました。つぎに仏弟子たちがそこを通りかかると、彼らは偉い出家者だったので、「たかが鉢のために、どうして自分自身を誇示できようか。お師匠様（ブッダ）は『お前たちは善事を隠し、悪事を露わにして時を過ごせ』と言われているではないか」と、彼らも無視して通り過ぎました。

「善事を隠し、悪事を露わにして時を過ごせ」とは素晴らしい教えですね。なかなかこうはできません。仏典を読んでいると、たまにこういう素晴らしい教えに遭遇することがあります。失礼しました。訂正です。仏典を読んでいると、〝常に〟こういう素晴らしい教えに遭遇します。

我々の日常はこれとは正反対で、「悪事を隠し、善事を露わにして時を過ごす」のが実情です。我々は自分の存在感を誇示するために、つい見栄を張ります。頭のよさを見せつけるために、やたらと横文字を使いたがる人がいますね。英語だけではモノ足りず、ギリシャ語やラテン語を使うこともあります。たとえば、エポケーとかアプリオリとか。ん、どこかで聞いたような……。そんな人にはならぬよう気をつけましょう。

仏典に話を戻します。そんな中、別の仏弟子がその柱を目にすると、「その程度のことは朝飯前だが、長者の息子が望んでいるのなら」と考え、神通力で取ってしまったのでした。彼が精舎《しょうじゃ》に戻ると、案の定それが問題になり、それを聞いたブッダはその弟子をたしなめたのでした。

このように、修行を積み重ねれば、不思議な力は自ずと身に備わってくるので、彼らにとっては当たり前なのでしょうが、普通の人が見れば、「ワオッ！」となってしまいます。その「ワオッ！」に心動かされないのが真の修行者、その「ワオッ！」に心擽（くすぐ）られるのが凡庸な修行者ということになります。

さて通常は、神通力を行使したり、神変を化作したりするのは禁止されているのですが、仏典を読むと、ブッダをはじめ仏弟子などが神通力を行使する用例も散見されます。そこでそのような用例を精査すると、ある場合にかぎって神通力の行使が認められていることがわかりました。それはどのような場合かというと、理屈が通じない人（逆縁者）を教化する場合です。

考えてみれば当たり前ですが、逆縁者に理詰めの説法は機能しません。そのような人には感情に訴えるのが効果的です。アングリマーラの教化を思い出してください。仏典に明記されてはいませんが、あの場面ではブッダは神足通を使ったと思われます。ロゴス（理性・知性）がダメならパトス（感情・感性）に訴えかけるしかありません（おっと、また外来語を使ってしまいました……）。

まあ、逆縁者にたいしては、理屈ではなく神通力でギャフン（いい響きです！）と言わせようというわけです。

独覚の神通力

では神変を化作する用例を紹介しましょう。一体どのような神変なのでしょうか。まずは独覚の神変から。独覚とは「単独で覚りを開いた人」を意味しました。本来は仏教外の修行者だったと考えられますが、その原語は「プラティエーカ・ブッダ」であり、「ブッダ」という名前がついているから、後に仏教内部に取り込まれたものと考えられます。彼らも修行者であり、「ブッダ」と呼ばれているわけですから、そのような不思議な力を備えていました。まずは彼らの神変を見てみましょう。

たとえば、前章で紹介したルドラーヤナ王の過去物語ですが、彼が阿羅漢になりながら殺されたのは、前世で独覚を殺したという悪業が原因でした。しかし独覚が殺されるにあたっては、その前段があったのです。それは何か。その独覚は自分に殺意を抱いた相手にさえ、慈しみの心を抱き、「あの猟師が悲惨な目に遭ってはならない。彼を救済しよう」と考えると、翼を広げた白鳥の王のごとく、上空に舞い上がり、火・熱・雨・稲光を放つという神変を化作しました。

これがまさに逆縁者を教化するために使われる神変の化作です。案の定、ルドラーヤナはそれを見て回心し、その独覚を手厚く供養しましたが、その善業が機縁となって、殺人という悪業の果報は地獄で清算されます。その後は王となり、出家して阿羅漢にもなっています。こういう場合にこそ神変は使われるのです。自分のためではなく、あくまで他者（とくに逆縁者）を教化するために。

ここで独覚が示してみせた神変は「上空で火・熱・雨・稲光を放つ」ということでしたが、今一つこれがどのような神変かわかりづらいですね。これをさらに発展させたのがブッダの化作する「双神変《そうじんぺん》」です。「双」というくらいですから、何かが二つあるのです。では何が二つなのか。解説していきましょう。

これは、この後に取り上げる「舎衛城《しゃえいじょう》の神変」でブッダが披露する二つの神変の一つです。ブッダの下半身から火を放ち、上半身からは水を出すという神変です。さらに驚くのは、これはつぎの段階で入れ替わり、今度は下半身から水を出し、上半身からは火を放ちます。というわけで、「双」の意味は上半身と下半身から「水」と「火」を交互に出すという神変でした。

この神変から、「マッチポンプ」を連想する人も少なくないでしょう。自らマッチで火をつけておきながら、それを自らポンプで水を汲み上げて消すという行為で、偽善的な自作自演の行為を意味します。語源に関しては、一九六〇年頃に、一方で公共料金の値上げによる物価上昇をあおりながら、他方では物価上昇の抑制策を打ち出した政府の施策を、ある衆議員議員が「マッチポンプ」と喩えたことに始まるようです。

ブッダの場合、自作自演をしていたわけではないでしょうが、独覚の「火・熱・雨・稲光」の神変は、視覚的にわかりやすく双神変として整理されます。ひょっとしてこちらがマッチポンプの語源では、と訝ってしまうような神変です。

さて、この双神変は仏教美術のモチーフとして盛んに取り上げられたようで、多くの作品が作られました。紀元後一世紀頃にガンダーラで作られたと考えられている作品（日本個人蔵）を見ると、ブッダの頭部全体が火で燃え上がっており、図像的には火炎で覆われ、顔は見えません。その火炎は見ようによっては長い髪にも見えるので、映画『リング』に登場する山村貞子のようでもあります。また、足下からは水が流れているところも描かれています。

これでは顔面が丸焼けになりそうですが、私は顔より髪の方が気になり、焼けてチリチリにならないかと、心配になります。でもご安心ください。これは化作された火なので、実際に焼けるわけではありません。

「舎衛城の神変」の言い訳

では、このような神変が舎衛城で化作された説話を紹介しましょう。さまざまな資料で取り上げられますが、ここでは私が研究対象とするインド仏教説話集に納められている説話からです。これはコーサラ国を治めていたプラセーナジット王の仲介で、コーサラ国の首都シュラーヴァスティー（舎衛城）でブッダと外道たちが神変を競い合うという話です。

ブッダの時代、六人の有名な思想家がいました。仏教側から見れば敵になりますから、仏教の経典では彼らを「六師外道《ろくしげどう》」という蔑称で呼びます。その六師外道は悪魔に唆され、ブッダと神変で対決することを決意し、まずはマガダ国のビンビサーラ王にブッダとの神変対決を仲介するよう申し出ますが、ビンビサーラ王は仏教徒だったので、彼らの申し出を断ります。

そこで彼らはつぎにコーサラ国へ出向き、宗教的に中立のプラセーナジット王に仲介を願い出て、神変対決が実現します。まずはマガダ国で時を過ごしていたブッダがコーサラ国に出向く前に、軽いジャブのような言い訳が見られます。なぜブッダはコーサラ国に遊行に出掛けたのか。出掛ける直前、ブッダはある考えに打たれました。

「過去の仏たちは、人々を利益《りやく》するために、どこで偉大な神変を示されたのか」と。その直後、「過去の仏たちは、人々を利益するために、シュラーヴァスティーで偉大な神変を示された」と閃きました。この閃きに導かれるようにして、ブッダはコーサラ国に出向いていくのです。「とってつけた感」が否めない一節です。しかしこれは軽いジャブ。つぎに重いストレートを紹介しましょう。

コーサラ国に到着すると、プラセーナジット王は家臣を連れてブッダに謁見し、つぎのように懇願しました。「外道たちはあなたと神変対決を望んでいます。どうか世尊は外道たちの度肝を抜き（私の言葉だと「ギャフンと言わせ」）、人々の心を満足させてくださいませ」と。

さあ、こう言われてブッダは何と答えたか。

「王よ、私は弟子たちに『お前たちは善事を隠し、悪事を露わにして時を過ごせ』と教えていますので」と断りました。出ました、例のフレーズです。弟子にそう言っておきながら、自分が神変を行使するわけにはいきません。

ここがブッダの偉いところです。皆さんも経験があると思いますが、「それ、あんたが言うか！」「それ、そのまま熨斗《のし》つけてあなたにお返しします！」ということがよくあります。自分のことはわからないものですね。古代ギリシャの格言「汝自身を知れ」はけだし名言ではないでしょうか。

これで話が終われば、神変対決が実現しません。いちおう、そう前置きしながらも、ブッダはこの申し出を受け入れます。しかし、弟子たちに「善事を隠し、悪事を露わにして時を過ごせ」とまで言っている以上、神変を行使するには相当な言い訳が必要になります。

確かに神変は逆縁者の教化には使ってもよいことになっており、この場合は六師外道が相手ですから大義名分はありそうです。しかし、この場合は六師外道の折伏《しゃくぶく》（邪心を挫き、仏教に帰依《きえ》させること）が目的ではないので、何らかの言い訳が必要になります。さあ、経典編纂者たちはどういう話をでっち上げたか、失礼、捏造、じゃなかった創造したか。その言い訳を見てみましょう。

ここでサブタイトル的に、経典編纂者は注釈を入れてきます。三度にわたってプラセーナジット王が懇願した後に、「仏たちには、この世でやるべき必須の仕事が全部で一〇ある」として、一〇項目を列挙しますが、その一〇番目に「舎衛城で偉大な神変を示す」があるのです。そうきたか！

自分が「善事を隠し、悪事を露わにして時を過ごせ」と言っている以上、ブッダ自身の判断で神変は行使できません。となれば、ブッダ以外の人物でブッダと同等の人物にその判断を委ねるしかなくなります。そこで登場するのが過去仏でした。仏教では、ブッダ以外にも過去に六人の仏がいたという伝承がありますから、経典編纂者はこれを利用したのです。

「いやあ、私自身は神変なんて、まったく興味もありません。使おうなんてこれっぽっちも思いません。これっぽっちもです。でもね、でもですよ、仏たる者、この世に生まれてきたからには必須の仕事が一〇あり、その中に舎衛城で神変を示すことも含まれているんです。実際に過去の仏たちもそうされたわけですから、同調圧力ってわけじゃないけど、自分だけがやらないわけにはいかないじゃないですか」

このように、ブッダ自身が必死の形相で言い訳したわけではないでしょうが、この記述から経典編纂者の焦りの表情が私には見えるような気がします。

伝統を重視するインドにあっては、昔の人（あるいは「仏」）が実践したことは簡単に変更できない、権威ある行動とみなされていたのですね。このように、軽いジャブと重いストレートの見事なコンビネーションで、この言い訳は読者をノックアウトした、のでしょうかね。皆さんはどうですか。

必殺、千仏化現！

では具体的に、舎衛城で示された神変はいかなる内容だったのか。さきほど簡単に触れましたが、ここではもう少しくわしく見ていきましょう。これには前段と後段がありますが、まずは前段の軽い神変から。

ブッダは精神を集中させ、三昧の境地に入ります。すると、自分が坐っていた場所から姿を消し、東方の空中に現れると、「歩く／立つ／坐る／臥す」という四種の動作を示します。そしてさらに精神を集中させると、ブッダの体から五色の光が放たれます。その後、ブッダの下半身からは火が放たれ、上半身からは水が出るという双神変をみせます。そしてこれを、南方・西方・北方でも同様に行うと、ブッダは何事もなかったように、もとの座に坐ったのでした。

そして、ブッダはプラセーナジット王に「大王よ、これは弟子たちにもできる神変である」と告げます。憎たらしいですね。「今のはほんのジャブ的な神変です。弟子にでもできる簡単なやつです。じつは、私にしかできないもっと凄いのもあるのですよ」と言わんばかりの発言ですが、これがつぎの神変（本番）の導入となります。

ブッダの考えを察知した帝釈天《たいしゃくてん》や梵天《ぼんてん》などの神々は、葉が千もある車輪ほどの蓮をブッダに献上します。ブッダはその蓮の台《うてな》に坐り、背筋をピンと伸ばして思いを凝らすと、その蓮の上に蓮を化作し、そこにも坐っている自分を化作しました。同じものが前後左右にも出現します。こうして蓮が新たな蓮を生み出し、さらにまたその蓮が、というように蓮が増殖し、あっという間に天界に至るまでブッダが坐る蓮が空間全体を埋め尽くすのでした。なんとも壮麗な景観！　これを「千仏化現《せんぶつけげん》」とも言います。

鑑真《がんじん》の私寺である唐招提寺の金堂の中尊は、東大寺の大仏と同じ仏の盧舎那仏《るしゃなぶつ》です。この盧舎那仏は蓮華座に坐し、千体の化仏《けぶつ》（現在は八六二体）が配された五メートルを超える光背を背負っていますが、これはこのインドの説話を具現化したものです。唐招提寺を訪れる機会があれば、このインドの説話に思いを馳せながら眺めてください。日本からインドへとタイムスリップする気分に浸れるでしょう。

ちなみに、ここで作り出されるのが「化仏」というのも、小さな言い訳です。すでに説明したように、伝統仏教には「一世界一仏論」の原則がありましたから、この仏が本当の仏（真仏）ならば、この原則に完全に抵触するからです。

さてこの後ですが、ブッダは気遣いを忘れません。何事においても、見る場所は大事ですよね。映画でも歌舞伎でも、野球やサッカーのスポーツでも、舞台やフィールドに近い場所は人気が出ますから、値段も高くなります。さて、皆さんがこの舎衛城の千仏化現の現場に居合わせたら、どこで見物したいですか。全体が見渡せる場所もあれば、人が邪魔になって見にくい場所もあったでしょう。とくに背の低い子どもたちは不利です。

でもご安心を。ブッダの気遣いは半端ありません。この神変を化作した直後、ブッダは「下は幼い子どもでさえも、一切世間の者たちが滞りなくみえるように、この情景を加持した」と経典は記します。「加持」は難解な仏教用語ですが、ここでは「神通力を駆使して、そうなるように状況をコントロールした」と理解しておきましょう。

さて、このブッダのみが化作できる特別な神変を目にした外道たちは度肝を抜かれ、ギャフンと言うと、一目散に逃げ走り、そのうちの一人は冷たい池に身を投げて死んでしまいました。また、これを目撃した多くの人は仏教にたいする信仰を獲得し、ある人は在家信者に、またある人は出家して仏弟子になったのでした。

この双神変と千仏化現とを内容とする舎衛城の神変は、視覚的にも極めて壮観であるため、いずれも仏教美術で数多く表現され、多くの作品が残っています。興味ある方はぜひご覧になってください。それを見ると、中にはその仏が二人ずつ描かれているものもあります。これを以て双神変の「双」とは「上半身／下半身」の「火／水」の「双」ではなく、この一対の仏の「双」ではないかと解釈する研究者もいます。

聖地巡礼という布教戦略

成立の古い経典には、この舎衛城の神変の話は見られませんので、ブッダは実際にこのような行動をとらなかったのでしょう。ブッダの教化は「説法」が基本であり、行使したとしてもアングリマーラの教化のように神足通程度だったのではないか。それすら歴史的にどうだったかは不明ですが、ともかく、このような派手な神変の行使はブッダの所行としてふさわしくありません。ブッダの基本的な態度は「善事を隠し、悪事を露わにして時を過ごす」です。

では、なぜ過去仏を持ち出し、ブッダ自身が禁じた神変を自ら行使し、壮麗な神変を化作したという話を創造したのか。〝言い訳〟には〝ワケ〟があるに決まっています。そこを探ってみましょう。

世俗を捨て出家し、閑処で瞑想し、覚りを開くというのが出家者のイメージであり、それはそれで間違っていないのですが、何度も指摘したとおり、出家者集団（教団）は世俗と絶縁しては存在しえませんでした。在家信者は出家者にとっての重要なパトロンだったのです。

そのパトロンの多くは都会に住む富裕層の商売人であり、ときには海を渡って商売し、財を築いた人も多く含まれていました。そのような人々を主人公とする仏教説話も多く残っています。その典型例が祇園精舎を寄進（後述）したアナータピンダダ（給孤《ぎっこ》独《どく》）長者です。彼も大金持ちで、仏教に多大な貢献をしました。このような信者がいるからこそ、出家者は経済的な心配をせずに修行に集中できます。当時の教団からすれば、そのような信者を一人でも多く獲得したかったに違いありません。

というわけで、自らの修行も大事なのですが、その修行を担保するために、布教戦略が重要な意味を持つようになりました。聖地巡礼もその一つですね。では、どこが仏教の聖地となりうるのか。普通に考えれば、ブッダと深く関与する場所、もっといえばブッダの生涯と深く結びついた場所ということになります。

それはどこか。まずは生誕地を外すわけにはいきません。それとは逆に入滅した場所も聖地になります。これにくわえて、ブッダが覚りを開いた場所も重要です。彼が文字どおり「ブッダ（目覚めた人）」になったわけですから、まさにここは仏教発祥の地となり、重要です。またブッダが法を説かなければ、宗教として伝承されませんでしたから、最初に説法をした場所も大事です。

というわけで、「誕生・成道《じょうどう》・初転法輪《しょてんぼうりん》・入滅」の各地は聖地の地位を獲得し、後にこの四カ所は「四大仏跡（四大聖地）」となりました。今でも仏教徒がインド旅行する場合、この四カ所は外せません。具体的な地名を出せば、誕生地はルンビニー、成道の地はブッダガヤー、初転法輪の地はサールナート、そして入滅の地はクシナガラです。

私もすべて訪れましたが、この四カ所には、ある共通点があります。それはすべて「田舎」という点です。

これで答えが少し見えてきました。実際の聖地は動かしがたく、これを簡単には変更できませんし、都会に変更することもできません（この問題はつぎに取り上げます）。とすれば、当時の大都会であった王舎城と舎衛城を聖地にするしかありませんでした。仏滅後、しばらくして仏教がインドに教線を拡大しつつあったころの話です。

王舎城は、ビンビサーラ王自体が仏教に帰依しており、また王舎城にある霊鷲山はさまざまな説法をしたことで有名ですし、また七葉窟《しちようくつ》もあります。七葉窟は、ブッダが亡くなった直後、弟子たちが集まって経典の編纂会議を行った場所ですから、仏教にまつわるエピソードには事欠きません。また、ビンビサーラ王の息子アジャータシャトルは父王を幽閉して殺してしまい、それを憂いた王妃がブッダに助けを求めた「王舎城の悲劇」もあって、聖地とみなすには充分でしょう。

〝神変〟を欲した背景

では、もう一つの大都会である舎衛城はどうか。さあ、困りました。何もエピソードがありません。その一方で、舎衛城に住んでいた給孤独長者（本名はスダッタ）が寄進した祇園精舎には物語性がありますので、少し説明しましょう。

舎衛城のスダッタ長者は所用で王舎城に出掛け、ブッダと出会ったことが機縁で仏教信者になります。そして自分の故郷である舎衛城にも来てほしいと懇願しますが、ブッダは「舎衛城には精舎がないから行けない」と断ります。そこでスダッタは一念発起し、舎衛城に戻ると、精舎の建立に適した場所を見つけます。それはジェータ太子の所有する土地でした。そこで太子に掛け合い、その土地を売ってほしいと言うと、太子は「ほしい土地に金貨を敷き詰めよ。金貨で覆われた場所を、その敷き詰めた金貨で売ってやる」と言います。

スダッタは大金持ちだったので、その土地を購入し、教団に帰依したのでした。彼は身寄りのない人（アナータ）に食事（ピンダ）を与えた（ダ）ので、「アナータピンダダ」という渾名がつきました。これを漢訳では「給孤独（孤独な人に給する）」というのです。

これもいいのですが、今一つエピソードにパンチが効いていません。そこで考え出されたのが、舎衛城の神変ではなかったか。千仏化現は視覚的に壮麗・壮観であり、ほかの聖地に引けを取りません。逆に言えば、ほかの聖地に引けを取らないような物語を創造したのでした。舎衛城の神変は、布教戦略の一環として考案されたと私は考えています。

出家者は閑処に籠もって瞑想すると考えれば、仏教には〝山間の宗教〟というイメージがあります。確かにそのような出家者もいたでしょうが、全体として仏教は〝都会／都市の宗教〟であり、教線拡大を狙う仏教は、都会の富裕層、とくに商売人をメインターゲットにしていたと推察できます。仏教が都会の宗教であることを、つぎの言い訳の用例からさらに確かめてみましょう。

「死に場所」は大都会こそふさわしい

さきほど、仏教の四大仏跡に言及しましたが、その最後が入滅の地クシナガラです。

ここでは、かなりの田舎で入滅したことを巡る言い訳を見ていきましょう。ブッダの最期を描く経典は『大般涅槃経《だいはつねはんぎょう》』です。第一章で取り上げた瀬戸内さんの『釈迦』もこの経典を下敷きにしています。

当初、出家者たちは定住せず、町から町へ、村から村へと遊行していました。その拠点となるのが精舎です。精舎といえば、日本人は「寺」を想起し、出家者はそこに〝定住〟していたと考えがちですが、精舎は遊行のための拠点であり、当初は決して定住する場所ではありませんでした。

よって、出家者の遊行は「旅」にも喩えられるので、『大般涅槃経』は「最後の旅」とも呼ばれます。最後の旅は、大都会の王舎城にある霊鷲山から故郷のカピラヴァストゥに向けてでした。ブッダも人間ですから、亡くなる前に一目、生まれ故郷を見ておきたかったのかもしれませんね。

最後の旅の途中、ブッダはヴァイシャーリーに立ち寄ります。そこではチュンダという信者がブッダを食事に招待するのですが、そこで提供された食材が原因で食あたりを起こし、それが死の直接的な原因になったようです。では何を食べたのか。いまだにその食材は明らかにされていません。一説には「茸」とも「豚肉」とも言われています。いずれにせよ、腹を下しそうな食材ですね。豚と茸との連想から、私は高級食材の「トリュフ」を想定していますが、何の根拠もありませんので、忘れてください。

ブッダは老体に鞭打ち、病身を引きずりながら故郷に向かって最後の旅を続けますが、ついに力尽きてクシナガラで亡くなります。さてその亡くなる直前、長年ブッダに付き添って身の回りの世話をしてきたアーナンダは、ブッダがもうすぐこの世からいなくなることを悲しみ、号泣していました。

するとブッダはアーナンダを呼び、「アーナンダよ、泣くな。私はお前たちに『愛する者とは必ず別れ、生じた者は必ず滅す』と説いたではないか」と説諭します。諸行無常ゆえに別離は必定だから、泣くなというわけです。理屈ではわかっていても、人間には感情があるので、ブッダの言葉はアーナンダの腹にストンとは落ちていきません。

この後、ブッダがアーナンダをなだめすかしても、アーナンダの悲しみは癒えず、挙げ句の果てに、つぎのように言いました。
「尊師は、この小さな町、竹藪の町、場末の町でお亡くなりになりまするな。他に大都市があります。たとえば、王舎城や舎衛城などです。こういうところで尊師はお亡くなりになってください。そこには富裕な王族たち、富裕なバラモンたち、富裕な資産家たちがいて、尊師を尊敬しています。彼らは尊師の遺骨を崇拝するでしょう」と。

おお、なんとストレートな！　アーナンダはこのクシナガラという町を「竹藪が生えるような、小さな場末の田舎町」ととらえ、かなり馬鹿にしています。そして、ブッダが亡くなる場所は大都会であるべきだと主張しますが、その理由が「裕福な者たちがいる」です。そんなに「富裕な」を連発しないでも、と思うのですが、あまりにあからさまで、魂胆が見え見えの発言です。このアーナンダの発言からもわかるように、当時の教団の布教ターゲットは都会に住む商売人を中心とした富裕層だったのです。

田舎で亡くなることの言い訳

では、このアーナンダの申し出にたいし、ブッダはどのような言い訳をしたのでしょうか。クシナガラが田舎であることは変えようのない事実です。また、ブッダがクシナガラという田舎で亡くなったのも事実です。とすれば、経典編纂者はこの矛盾する二つの事実をどう会通したのか。ブッダはアーナンダに「そんなことを言うな。『小さな町、竹藪の町、場末の町』と言ってはいけない」と前置きして、こう答えたのでした。

「アーナンダよ、昔々、大善見王《だいぜんけんおう》という名の王がいた。正義を守る法王で、世界を支配する帝王であり、その国土の人民を安泰にし、転輪聖王の七宝を備えていた。アーナンダよ、このクシナガラはじつは大善見王の首都で、クサーヴァティーという名であった。長さは東西一二ヨージャナ（約一四〇キロメートル）、幅は南北に七ヨージャナ（約八〇キロメートル）あったのだ（この後、この町がいかに繁栄したかが詳細に説かれますが省略します）」と。

今は田舎町だけれども、昔は栄えた都であったというのです。こうすれば、さきほどの相矛盾する二つの事実が見事に会通されます。

このような物語が新たに創造されることで町のアイデンティティが変わり、それによってその町にたいする人々の認識が変わり、さらにそれによって何でもない町が仏教と縁のある聖地へと変貌を遂げます。現代風に言えば、物語観光（あるいは「コンテンツ・ツーリズム」）でしょうか。これは従来の歴史的な名所旧跡を巡る旅（観光）ではなく、地域の物語性を味わう旅（観光）です。

例として、私が奉職する大学の所在地・宇治市を取り上げましょう。宇治市は歴史のある町です。宇治茶で有名だし（世界文化遺産登録の動きもあります）、『源氏物語』の宇治十帖の舞台でもあります。平等院鳳凰堂や宇治上神社といった世界遺産もあるので、充分に観光地としての歴史を備えてはいるのですが、京都市と隣接するため、観光面では苦戦を強いられています。相手が悪すぎます。

そんなとき、宇治市出身の武田綾乃さんが二〇一三年に小説『響け！ユーフォニアム』を発表し、それが映画化されたことで宇治市は新たな脚光を浴びることになりました。小説や映画では、フィクションとノンフィクションがほどよくブレンドされ、フィクションの中に実在する場所や建物が登場しますよね。

『響け！ユーフォニアム』は北宇治高校という架空の高校の吹奏楽部が舞台となりますが、その中には実在する宇治市のさまざまなスポットが登場するので、小説や映画のヒット以来、宇治市は物語観光で新たな観光客を呼び込んだのでした。今でも映画の舞台となったスポットを訪れる観光客が後を絶ちません。

このように、実際の歴史でなくても、架空の歴史によって町のアイデンティティは刷新され、それが人々の琴線に触れれば（今風に言えば「バズれば」）、そこは観光地にも聖地にもなるのです。聖地は〝後づけ〟でいくらでも作れるのです。

今から二〇〇〇年以上前のことなので、フィクションとノンフィクションの境目は今ほど明瞭ではなかったでしょうから、仏教とは縁の薄かった舎衛城は「舎衛城の神変」という新たな物語がインストールされることで町のアイデンティティは刷新され、聖地としての地位を確立したのです。

仏滅後、この物語は舎衛城への教線拡大に寄与したものと思われます。双神変や千仏化現を内容とする舎衛城の神変は仏教美術において盛んに造形されましたが、何よりこの事実がそれを雄弁に物語っているのではないでしょうか。

「方便」という万能薬

ではここで視点を変え、大乗仏教の布教戦略、とくに『法華経』の布教戦略について見ていきましょう。ここにも大乗仏教ならではの言い訳が確認できます。

大乗仏教はある意味で伝統仏教を否定する仏教です。「否定」という表現がきつければ、「乗り越える」と表現してもいいでしょう。とにかく、それまでの伝統仏教に満足しない人たちが企てた仏教ですから、伝統仏教にはない〝新しさ〟があるはずです。

しかしその新しさを表現することは伝統を否定することになりますから、それなりの言い訳が必要になるのは当然です。では大乗仏教の中でもとくに際だった仏教を唱導した『法華経』の言い訳に注目したいのですが、その前に、大乗・小乗という言葉の意味について簡単に解説しておきましょう。

ブッダ以来の伝統仏教は出家者でなければ覚れないと主張しました。つまり、在家信者では覚れないことになります。しかし、それでは相対的な教えに堕し、覚りの岸に至るには小さく劣った乗物（小乗）にすぎません。一方、自分たちの教えは出家・在家の区別なく、誰でも覚りの岸に至ることができる、大きく勝れた乗物（大乗）だと大乗教徒は主張したのです。そして、彼らは自らを菩薩（乗）と称し、伝統仏教を声聞《しょうもん》（乗）や独覚（乗）と呼んで批判しました。声聞とは仏弟子を意味します。独覚はすでに説明したとおりです。

『法華経』に先立って成立した般若経典は、伝統仏教、すなわち声聞乗と独覚乗の二乗を厳しく否定し、菩薩乗のみが覚りの岸に至れると説いたのですが、これって矛盾してますよね。誰でも乗れる大きな乗物（大乗）を標榜しながら、声聞乗と独覚乗を除外すれば、真に「大きい乗物」とは言えなくなります。つまり、「小乗／大乗」という表現をとるかぎり、この矛盾は解消されません。

この反省に立って登場したのが『法華経』です。ですから、『法華経』は大乗・小乗という表現を取らず、「一（仏）乗」と表現します。「三乗（声聞乗・独覚乗・菩薩乗）」は、本来「一乗」だと主張しました。ブッダが三乗を説いたのは「方便」だと言うのです。この方便こそ『法華経』が発明した素晴らしいガラガラポンの万能薬であり、さまざまな局面での言い訳を可能にします。

「確かにブッダは声聞乗や独覚乗の仏教を説いたが、それは最終的な教えである一乗に導くための〝方便〟として説いたのであり、真実はまだ明らかにされていない。その真実の教えを説く経典こそ『法華経』である」と『法華経』作者は主張したのです。それはつぎのような喩え話で説明されます。

長者の息子三人が家の中で遊んでいたのですが、その家が火事（火宅）になったのに誰もそれに気づいていません。放っておくと、三人はみな焼け死んでしまいます。そこで長者は一計を案じ、それぞれの息子が好きなおもちゃをみせて家の外におびき出します。一人には羊の車（声聞乗）、一人には鹿の車（独覚乗）、一人には牛の車（菩薩乗）

です。そして三人とも家の外に救出すると、長者はその三つの車よりもはるかに素晴らしい大白牛車《だいびゃくごしゃ》（一乗）を与えたのでした。

別の喩え話もあります。ある隊商主が隊商を率いて旅をしていますが、彼らはみな疲れ切って旅を続ける意欲を失いかけていました。そこで隊商主はその少し前方に町を化作し、「とりあえずあの町まで行って休憩しよう」と隊商を勇気づけます。町の明かりをみた隊商のメンバーは元気を取り戻し、その町まで辿りつきますが、それは隊商主が化作した町ですから実在しませんでした。隊商はまた意気消沈するのですが、隊商主はさらにその少し前方に町を化作し、同じように隊商を鼓舞します。こうして少しずつ旅を続け、最終的にゴールに辿りついたのでした。

これが方便です。「嘘も方便」と言いますが、単なる嘘は方便ではありません。覚りというゴールに導くための嘘であって、はじめて方便たりうるのです。いきなり一乗というゴールを示したのでは、誰もついてこられなくなるので、ブッダはまず声聞乗の仏教で人々を導き、そこに到達できたらつぎに独覚乗の仏教を提示し、そして最終的に一乗という究極の教えに導いたというのです。

この方便が巧みなのは、それまでの教えを否定せず、その価値を認めながらも、新たな教えを提示できる点です。こうして、般若経典のように、伝統仏教の面目を丸々潰すことなく、三乗すべてを一乗に包摂する仏教を確立しました。このように、『法華経』作者は「方便」を言い訳に、三乗を包摂する一乗という新たな仏教を創造したのです。

一般に「方便」はポジティブ、「言い訳」はネガティブに使われます。両者とも自分の主張を正当化するための理論武装なのですが、目的は異なります。「言い訳」が自己保全のための理論武装であるのに対し、「方便」は真実に誘導するための理論武装です。包含関係で言えば、方便は言い訳の中に含まれることになりますが、本書ではそこまで厳密に両者を区別せず、「方便」を「言い訳」という言葉で表現しますね。

方便、恐るべし！

ともかく、『法華経』は「方便」という「言い訳」によって三乗を一乗に納めとり、新たな仏教を確立することに成功しましたが、ここに新たな問題が生じます。大乗仏教が興起したのは紀元前後くらい、つまり歴史的ブッダが入滅してから四〇〇年以上が経過したあとですから、その時代に歴史的なブッダは存在していません。唯一の遺物である遺骨は仏塔の中で、言葉を喋るわけではありません。では誰が『法華経』を説いたのでしょうか。大きな問題です。死活問題です。致命的問題です。

そこで『法華経』作者は、また新たな言い訳を考えざるをえなくなりました。ひとたび嘘をつくと、またその嘘を隠すために、嘘の上塗りをしなければならなくなるのと同じですね。

では、どのような言い訳を考え出したのか。すごいですよ、なんと『法華経』は「じつはブッダは死んでいないのだ」と言い出したのです。それを聞いた当時の人々の「いやいや、ちょっと待ってよ」という声が聞こえてきそうです。

そんな声は無視して、彼らは続けます。「いやいや、ちょっと待ちません。ブッダが入滅したのは〝方便〟なのですから」と。はい、ここでも登場するのが「方便」。もう少し説明を加えましょう。

『法華経』作者は、『法華経』がブッダによって説かれたと主張しました。とすれば、ブッダはじつは亡くなっていなかったことにしなくてはなりません。『法華経』の教えと同様に、それを説くブッダ自身も、『法華経』に至ってはじめて真実の姿を現したと主張しました。ブッダは大昔にすでに覚りを開いており、これからも入滅することなく永遠に存在し続けるというのです。

では、なぜ入滅したのか。それは方便です、というわけですが、ではなぜ方便を使わなければならなかったのでしょう。それは、ブッダが永遠に存在するということになると、人々はそれに甘えてしまい、怠け心を起こして修行しなくなるからです。ブッダが死ぬ姿を見せたのは、人々を叱咤し、修行に励む心を起こさせるためだったのです。

「私が永遠に存在すると知ったら、あなたたち、怠けるでしょ。だから死んだふりをしたのです。でも、演技が迫真すぎましたね。あんなにみなが悲しむとは思いませんでした。我ながら、上出来でした。しかし、いつまでも死んだふりをしていたら、今度は私の死を悼みすぎて、かえって修行どころではなくなってきたようなので、真実を明かすことにしました。じつは私は大昔にすでに覚りを開いていたのです。これからも入滅することはありません。ご心配なく。もう一乗という本当の教えを明かしたので、私は死んだふりをしなくても、みんなこの教えで覚れるでしょう」

私がブッダだったら、こんな風にタネ明かしをするかもしれません。これではあまりに下品なので、実際に『法華経』に説かれている喩え話を紹介します。

あるところに良医が住んでいました。彼にはたくさんの息子がいたのですが、医者の留守中に毒を飲み、苦しんでいました。そこへ医者が戻ってくると、さっそく解毒の薬を調合し、息子たちに与えます。本心を失っていない息子たちはそれを飲んで回復したのですが、本心を失っていた息子たちはかたくなにその薬を服用しません。そこで良医は一計を案じ、その薬をそこに残して他国に行くと、使者を送って「父は死んだ」と伝えさせました。

本心を失っていた息子たちはそれを聞いて嘆き悲しみ、本心を取り戻してその薬を服用したので、みな元気を取り戻しました。そしてその後、良医は喜んで家に戻ったのでした。めでたし、めでたし。父が死んだふりをすることで息子たちが本心を取り戻したように、ブッダも死んだふりをすることで、仏弟子たちの本気モードにスイッチが入り、本来の心を取り戻したのでした。

このように、ブッダの死も「方便」として処理され、従来の事実を無化することなく、新たに意味づけするという手法が取られます。すごい教えですね。方便、恐るべし！

政治的な創作

本章の最後に、言い訳には直接関係ありませんが、布教戦略や物語観光に言及したので、それに関するもう一つの戦略を紹介します。結論をさきに言えば、仏教とは縁もゆかりもない町、もっと言えば他宗教の盛んな町の歴史に変更を加え、仏教に縁のある町にした例です。その変更にあたっては、舎衛城と同じく、新たな物語が創造されました。

仏滅後しばらくして、ブッダの神格化にともない、ジャータカ（ブッダの過去物語）が創造されたことは、すでに第一章で説明しました。こうして、たくさんのジャータカ物語が創作されましたが、数多くのジャータカが創作されるにつれ、「じゃあ、これらの修行の中で、その始まりはいったいどこだったの？」ということが議論になったようです。こうして創作されたのが「燃灯仏授記《ねんとうぶつじゅき》」の物語です。

昔々、ブッダはスメーダという青年僧でした。あるとき燃灯（ディーパンカラ：「灯りを作る者」の意。「太陽」をも意味します）仏が歩いていると、彼の道の前方には大きな泥濘《ぬかるみ》がありました。そのまま進めば、燃灯仏の足は泥だらけになります。それを案じたスメーダはその泥濘に近づき、結んでいた長い髪を解くと、その泥濘の上に敷き、足を汚すことなく燃灯仏を泥濘の向こう側に渡したのです。

そのときスメーダは、「将来、自分は覚りを開いて人々を覚りの岸に渡そう」と決意したのでした。それを知った燃灯仏は、「スメーダは未来世に仏となり、多くの人々を覚りの岸に渡すだろう」という予言（記別）を授けた（授記）といいます。

このように、始原の仏である燃灯仏が考案されるに至った原因は、一般的にブッダの神格化や超人化に伴う仏教内部の思想的必然性に求められますが、定方晟《さだかたあきら》先生は世俗的・政治的な視点からこの伝説制作の動機を考察していますので、紹介しますね。

定方先生は、燃灯仏の伝説がナガラハーラ（現在のジャララバード市）という実際の町に結びついている事実に注目します。ここはイラン系の宗教であるミスラ神（太陽神）の信仰の盛んな土地でしたが、仏教がナガラハーラに進出したさい、仏教僧は民衆が抵抗なく仏教に改宗しうるようなムードを作りだすために、ミスラがブッダの宗教を認可したかのように思わせる物語を創作することを思いつきました。

つまり、ミスラの概念に通じる燃灯仏を創造し、彼にブッダの成仏を予言させることで、民衆はミスラが仏教を容認したという錯覚を無意識のうちに抱くようになったのではないかと指摘するのです。

仏教は煩悩を滅して真理に目覚め、苦からの解脱を目指す宗教であることは確かですが、それが現実社会で根を張り、教団を存続させるためには、このような政治的な行動も取らざるをえませんでした。現実を無視して理想を実現するのは、なかなかむずかしかったのでしょうね。人間は群れると、政治をせざるをえなくなるようです。

第四章　戒律の抜け道

本章では仏教の儀礼・作法に関する言い訳を紹介しましょう。どのような宗教にも、その宗教に加入するには、一定の儀式や作法を通過しなければなりません。入信儀礼とも言います。その入信儀礼も出家者になる場合と在家信者になる場合の二つがあるのですが、ちょうど仏典には、それぞれに一つずつ言い訳が見られるので、本章ではそれを取り上げることにします。

五戒にまつわる言い訳

まずは、在家信者になる作法を見ていきます。これにも部派（グループ）や宗派によって細かな違いはありますが、一般的には「三帰《さんき》五戒《ごかい》」とされます。仏教の三つの宝

（三宝）に帰依し、五戒を守ることを誓うことが在家信者の条件となります。ここでは三帰の言い訳をくわしく見ていくので、まずは五戒について簡単に触れておきましょう。

①生物を殺さない
②他人のものを盗まない
③不倫をしない
④嘘をつかない
⑤酒を飲まない

の五つです。これは出家者が守るべき戒律でもあり、不《ふ》飲酒戒《おんじゅかい》を除く他の四つを犯すと、出家者の資格を失って還俗《げんぞく》（最も重い罪）しなければなりませんが、在家信者の場合は道徳項目なので、それを破っても罪には問われません。

③について、出家者はいかなる異性とも性行為をしてはなりませんが、在家信者の場合は不倫行為（配偶者以外の異性と交わること）が禁止されるに留まり、当然のことながらその解釈は緩やかになります。でなければ、誰も仏教信者になんかならんでしょう。

つぎに⑤。出家者はいかなるアルコールも飲めませんが、在家信者には適用が甘くなり、「酒を飲んでも飲まれるな」的解釈になります。へべれけ（なんと、この語源はギリシャ語のようです）に飲んでも、罪には問われません。ご安心ください。こうして、同じ戒律も出家者と在家信者ではその解釈に濃淡があります。

さて、この中で一番問題になるのが①です。人間、食べなければ生きていけません。生きるために殺生は避けられませんが、ここにも小さな言い訳が潜んでいます。禅宗の精進料理の影響で、出家者は肉を食べていなかったと思いがちですが、そうではありません。食べていたのです。ただし、自分たちでは殺生しませんでした。海や川で舌舐めずりしながら釣り糸を垂らしたり、槍を片手に目をギラつかせながら森で獲物を物色したりする出家者は想像したくありません。それはダメです。

在家信者から布施された場合は、肉も食べていました。ただし、三つの条件がつきます。その肉となる動物が殺されるところを見ていない、自分のために殺されたと聞いていない、そして自分のために殺されたと知らない、という「見ざる聞かざる言わざる」的な三つです。「不殺生を標榜しながら、お前たちは肉を食っとるやないか！」と出家者を批判する人が当時にもいたのでしょう。そこで考え出された苦しい言い訳。

「そりゃそうですけど、私たち、その動物が殺されるところを見ていないですからね。ましてや自分のために殺されたなんて聞いちゃいないし、知りもしないですから。困っちゃうなあ、へんな言いがかりをつけられては」と、私なら言うでしょうか。

自分たちは殺さないけれども、人が殺した動物の肉は食べる。「何と卑怯な！」「そんなの言い訳だ！」と言われそうですが、逆に言えば、それほどまでに殺生には気を使っていたということです。

日本の大半の出家者は五戒さえも守れていませんから、インド仏教のルールを日本で厳密に運用すれば、日本から出家者はほぼ姿を消すことになります。南方系（タイやスリランカ）の出家者が日本の出家者を見れば、「これでも出家者なの？」と不思議に思うのも無理はありません。しかし、これ以上深掘りすると、私にも火の粉が降りかかってくるので、この話題はこのあたりで早々に打ち切りましょう。

三帰

では五戒のことは綺麗さっぱり忘れ、なかったことにして（できんか）、三帰の説明に移ります。仏教は三つの宝を説きます。仏（ブッダ）・法（ダルマ）・僧（サンガ）の三宝です。そしてその三宝に帰依するのが三帰ですが、帰依とは「拠り所にする／すべてをお任せする」と理解しておきましょう。では一つずつ見ていきます。

最初の宝は、本書で何度も登場した仏（ブッダ）であり、これなくして仏教は存在しえません。寺院に行けば、まず目に入るのが仏像であり、祈りを捧げる対象も仏像ですから、第一の宝に置かれているのもうなずけます。

第二の宝は「法」ですが、これは何でしょうか。これまであまりくわしく取り上げませんでしたので、ここで説明します。ブッダはなぜ仏になったのか。それは「ブッダが真理に目覚めたからだ」と本書で何度か説明してきました。その真理こそが「法」なのです。仏がこの世に出現しようとしまいと、この世に厳然と存在し、また一切の存在を貫く真理を、仏教は「法」と表現します。

ということは、ブッダを含め、仏を仏たらしめているのは法であり、法こそ仏の本質なのです。ただし、法自体は言葉を発するわけではないので、それを言葉で表現する仏の存在がなければ、法は人間に認識されません。ということは、仏と法とは車の両輪のような関係であり、どちらか一方が欠けても我々は仏教と関係を結べないことになりますね。ただし、理念的には仏よりも法のほうが上位概念になります。

　ではなぜ、上位概念の法よりも下位概念の仏が三宝の最初に置かれるのか。その理由については、三枝充悳《さいぐさみつよし》先生の仮説を紹介しましょう。

　覚りを開いた後、ブッダは修行（苦行）時代の仲間である五人の修行者にたいして最初の説法を行います。その五人からすれば、最初に目にしたのがブッダ（仏）であり、その後にブッダが説いた「法」を聞いたので、この順番が三宝の順番に反映しているというのです。そしてこの後、その五人の修行者はブッダにしたがって修行することになったので、ここに教団が組織されました。

　この出家者の集団こそ、第三の宝「僧」です。「僧伽《そうぎゃ》」とも言います。「僧」と言えば出家者〝個人〟を意味するように思いますが、本来は出家者の〝集団〟です。これは古代インド語では「サンガ」と言いますが、どこかで聞いたことがあるような。そうです、京都のサッカーチーム「パープルサンガ」（現・京都サンガF．C．）の「サンガ」です。京都のチームらしい名前ですが、直訳すれば「紫の集団」となるので、暴走族の名前みたいになります。

　何でも訳せばいいというものではありません。ＢＭＷは世界的に有名な高級車の会社ですが、これは「バイエリッシェ・モトーレン・ヴェルケ（Bayerische Motoren

Werke)」の略で、訳せば「バイエルン州発動機製作所」となります。これでは高級車のイメージは微塵もありません。「パープルサンガ」も訳さずにおきましょう。

　さて、仏と法はよいとして、なぜ僧が宝とされるのか。おそらく、教団がなければ仏教が宗教として存続しなくなるからではないでしょうか。さきほどの話の蒸し返しになりますが、日本ではありがたくない出家者が少なからずいて、「なぜ、あんなクソ坊主が宝なのか！」と皮肉の一つも言いたくなることもあると思います。しかし、ここは一つ温かい目で見守ってください。我々も努力しますので。

　こうして最初期の段階で三宝は成立し、その三宝に帰依することが在家信者になる条件とされたのでした。そしてこの三帰依は、地域と時代とを超えて普遍的に仏教徒になるための条件となっています。もちろん、日本もその例外ではありません。

三帰依の言い訳

　三帰依についての概略を説明しましたので、それに関する言い訳を見ていきましょう。これは仏伝（ブッダの伝記）に出てくる言い訳です。さきほどの最初の説法にも関連する話です。

ブッダは二九歳で出家し、まずは二人の聖仙に師事して修行しますが、納得のいく結果を得られず、二人のもとを去ります。つぎにブッダは五人の修行者とともに六年間の苦行の生活に入りますが、それも道にあらずと苦行を放棄しました。

五人の修行者はそれが気に入らず、ブッダのもとを去ります。一人になったブッダはついに三五歳にして真理（法）を覚り、仏になったのでした。目的を達成したブッダは四九日間、覚りの喜びに浸っていたのですが、自分が覚った法はあまりに深遠であるから、それを説いても理解できる者はいないと考え、説法を諦めました。

それを知ったバラモン教の最高神である梵天（ブラフマン）は、「それは大変！」とばかりにブッダのもとにやってきて、「理解できる人もいますから！」と説法するよう懇願しました。その懇願が三度にも及んだため、ブッダは説法を決意します。あとは、さきほど説明したとおり。さて問題の箇所は、その四九日間の中に存在します。これはさまざまな律蔵に説かれていますが、まずは比較的古い伝承を継承していると考えられる南伝の律蔵の記述からいきましょう。

覚りを開いて一週間後、ブッダが覚りの喜びに浸っていたとき、二人の商人がたまたまその場所に通りかかるところでした。彼らと縁のあった鬼神が「この近くに覚りを開いたブッダがおられるから、彼に食物を差しあげなさい」とアドバイスしました。そこで二人はブッダのもとを訪れ、食物を布施すると、ブッダはそれを受け取ったので、二人はつぎのようにお願いします。

「私たちは仏と法とに帰依いたします。世尊は我々を在家信者としてお認めください。今日より命終わるまで、帰依いたします」と。この後、律蔵は「彼らは世間ではじめて二帰依を唱えた在家信者であった」と記しています。この時点で僧宝はまだ成立していないので、三帰依ではなく二帰依となります。パーリ律蔵の作者もこの記述をそのままにしていたのでしょう。

しかし、その後、「入信儀礼＝三帰」が正式な入信のルールとして確立します。その視点からこのエピソードを見たとき、「ん、二帰依で仏教信者？　ダメじゃん、三帰依でなきゃ。絶対に三帰依です！」と融通のきかない人がクレームをつけた可能性があります。しかし、僧宝の成立はこの直後であり、この時点ではまだ存在していません。

さあ、どうするか。そこで、苦心の跡が見られる資料を北伝の律蔵から紹介しましょう。前段は省略し、肝心の部分のみ示します。

ブッダは二人から食事の供養を受け取ると、つぎのように二人に告げます。「お前たち二人は、仏に帰依し、法に帰依せよ。そして……」

さてこの後、なんと言ったでしょうか。「そして〝未来に現れるであろう〟僧にも帰依せよ」とブッダは告げたのでした。これを受けて二人は「我々二人は、仏に帰依し、法に帰依し、また〝未来に現れるであろう〟僧にも帰依いたします」と唱えます。

苦しい言い訳ですが、現実にこの段階で僧宝が成立していない以上、このような注釈的一節を付加するのが限界でしょう。そこまでしなくても、と思うのですが、皆さんは「いちゃもんつけ派」あるいは「まあええやん派」のどちらでしょうか。私は「まあええやん派」なのですが、今は心を鬼にし（あくまで「その振りをして」ですよ）「いちゃもんつけ派」となり、さらにいちゃもんをつけてみましょう。

この時点でブッダは説法をしていないので、法宝もまだ成立していません。だから厳密に言えば、この時点での帰依は「一帰依」であり、二帰依ですらないのです。とすれば、二人の在家信者の表明も「我々二人は、仏に帰依し、〝未来に説かれるであろう〟法に帰依し、また〝未来に現れるであろう〟僧にも帰依いたします」となるはずです。これだと、ずいぶんコッテリした表現になりますが、万全を期すならこれくらいやらなければなりません。

しかし、さきほど説明したように、仏を仏たらしめているのは法ですから、ブッダが法を覚った時点で、仏宝と法宝の二つは成立していたと素直に考えておきましょう。

戒体と受戒作法

宗教には伝統が重要です。その伝統は教祖から大事な〝何か〟が伝えられ、またそれが後代に脈々と継承されていなければなりません。「法灯を継ぐ」という言葉があるように、その灯を絶やすことなく継承することが求められます。これが「油断」の語源です。油断すれば油が断たれ、灯が消えてしまうので、油断してはならないのです。まさに油断大敵。こうして継承される伝統を「法脈／血脈」とも言います。また、師匠から弟子へと継承されることを「師資相承《ししそうしょう》」と言います。

では、その師資相承で仏教は何を脈々と継承してきたのでしょうか。それは「戒体」です。そして、その大事な戒体を継承する重要な儀式が受戒作法ということになります。では、最初に戒体を説明し、その後に受戒作法について解説しましょう。

戒体とは何か。仏を仏たらしめているのが法であったように、出家者を出家者たらしめているのが、この戒体です。言い換えれば、戒体とは「出家者の本質・本体」であり、この有無が出家者とそれ以外の人とを区別する標識となります。剃髪や袈裟の被着だけでは出家者と言えません。言わば、戒体は出家者のＤＮＡです。

戒体を受けずに、出家者の身なりをし、教団に紛れ込んでいる人は「賊住出家者」と呼ばれ、永久に出家者になる資格を失います。それほどまでに戒体を受けているかどうかは、教団の存続に関わる大問題だったのです。

その戒体を正しく伝える受戒作法が正しく実行されなければ、戒体のない出家者を輩出することになり、それは教団という組織を内部崩壊させる危険な因子になりえたのです。逆に正しくこの儀式が執行されれば、教団の構成員は増加し、三宝の内の僧宝の存在は担保され、ひいてはこれが仏教を末永く繁栄させることにもなります。

では、その戒体を正しく伝え、正しく発動させる儀式はどのように執行されたのかを見ていきましょう。

この戒体は「具足戒《ぐそくかい》」という容器に入れて伝えられました。よって、出家者の受ける戒を具足戒と言いますので、受戒の「戒」は具体的に「具足戒」を指し、その具足戒を「授ける／受ける」のが「授戒／受戒」です。

今、「受戒」と「授戒」という、二つの似かよった言葉を使いましたが、これは同じことを違った視点から見ているだけの違いです。戒には授ける人と授かる人がいます。授ける人から見れば「授戒」となり、授かる人、つまり受ける人から見れば「受戒」となります。紛らわしいので、ここでは受戒で統一しましょう。

大切な儀式ですから、教団構成員すべての前でこれを行い、それを全員が承認するというのが理想ですが、そうすれば、出家希望者が現れるたびにこの儀式を行わなければならず、修行に支障をきたします。かといって、大事な儀式ですから、少なすぎるのも問題です。

というわけで、クイズです。けっきょく、受戒の儀式執行に必要な人数は何人に落ち着いたのか。答えは一〇人です。

この一〇人には儀式の中でそれぞれ役回りがあり、それを「三師七証《さんししちしょう》」と言います。「三師」とは、和尚、司会者、尋問者、そして後の七人はこの儀式が滞りなく執行されたことを証明する先輩の出家者です。和尚とは主役である儀式の執行者ですが、実質的には志願者の先生であり、また後見人の役目を負います。司会者は儀式の進行役を担います。そして尋問者は志願者の資質を問い質す者であり、ちゃんと両親の許可を得ているか、借金はないかなど、出家の条件を備えているかどうかを問いただします。

ではつぎに、その儀式の内容を簡単に説明します。これは一回の提議と三回の確認で行われます。司会者が案件に関する提議を行います。たとえば、「平岡が受戒したいと願っています。出家の条件を備えています（ということにしておいてください）。彼に戒を授けることを承認してください」と提議します。その後、これを承認するかどうかを三回繰り返して尋ねます。これに異論がなければ、平岡の受戒が認められます。

このような作法を正しい手順に則って厳粛に行うことで受戒作法は終了し、それを通過した志願者は晴れて正式に教団のメンバーとなります。そして、これを継続することで、教団は絶えることなく存続することになるのです。

師資相承にまつわる言い訳

では師資相承の重要性を、我々に身近な日本仏教で確かめてみましょう。

日本に仏教が伝わったのは、五三八年あるいは五五二年と考えられています。これは公伝の年代ですから、非公式にはもう少し早く仏教が伝わっていたでしょう。では、何が伝わったのか。それは仏像や経典などの物質的なモノであり、仏教の教えという非物質的なものも伝わっていたでしょうが、仏教を伝承する基体となる戒律の本質（戒体）

は伝わっていませんでした。鑑真が日本に来るまで、厳密な意味での仏教は日本に伝わっていなかったのです。

伝来当時にも僧侶はいましたが、それは正式な儀式を経ず私的に出家したニセモノの僧侶（私度僧）でした。そこで、聖武天皇は受戒の作法をちゃんと執行し、日本でもホンモノの僧侶を自己生産したいと考え、伝戒師（戒律を授ける資格のある人）を探していました。こうした経緯を背景に、鑑真は日本に招かれたのです。彼の来日により、インドから途切れることなく継承されてきた戒体がようやく日本に移植されたのです。

平安時代に活躍した最澄《さいちょう》も空海《くうかい》も中国に留学し、中国的に変容したとはいえ、本国インドから継承されてきた仏教を中国の僧侶から直々に授かったのでした。鎌倉時代の栄西《えいさい》も道元も中国に渡り、中国仏教の禅の伝統を継承して日本に戻ってきました。とくに道元は中国で如浄《にょじょう》から教えを受け、自らの仏教を「正伝の仏法」、つまり「自分はブッダ以来の伝統を正しく継承している」という自負がありました。それほどまでに、師資相承による伝統の継承は重要なのです。

とすれば、鎌倉仏教の中で不利な立場にあるのが法然です。なぜなら、法然には教えを授けてくれた師匠がいないからです。比叡山《ひえいざん》で修行した法然に源光《げんこう》や叡空《えいくう》という師匠がいたのは確かですが、それは魂を揺さぶるような師匠ではありませんでした。そこで法然は独自に修行と仏典の研究を重ね、単独で念仏往生の教えを切り拓きました。

それはそれで素晴らしいのですが、師資相承の点では致命的です。当時の仏教界でも問題になったようです。「今までになかった教えを説いて、大勢の人々の注目を集めている」というやっかみもあったでしょう。何より「その教えって、誰から継承した？」と訊かれたら、答えようがありません。いないんですから。

ここで、言い訳が活躍します。どのような言い訳をしたのか。これは法然自身の言い訳か、彼の弟子の言い訳かは不明ですが、ともかく当時の人々の疑問に答えるべく、何らかの言い訳を考えなければなりません。

唯一、師匠と呼べる人がいるとすれば、それは善導《ぜんどう》です。善導は、中国の唐代に活躍した僧侶です。法然は善導の書に大いに啓蒙され、「偏《ひとえ》に善導唯一人に依る」とまで心酔した人物であり、彼の教えに基づいて、今まで日本にはなかった新たな仏教を樹立しました。だから善導を師匠にしたいのですが、困ったことに、時代的にも地域的にも、善導と法然は一ミリも重なりません。じゃあ、どう言い訳するか。

時代的には五〇〇年ほどの開きがあるし、善導は地理的には海を隔てた遥か彼方の人です。こんな二人はどうしたら対面できるのでしょうか。一つだけ方法があります。それは夢です。夢の中で法然は善導（しかも、この善導は阿弥陀仏の化身とされます）と対面し、法脈を相承したと説いたのでした。

法然は回心（宗教体験）しましたが、覚ってはいないので、夢を見ても問題ありません。また当時、夢は異界とつながる重要な通路と考えられていたので、現代の我々が思うほど、夢の話は荒唐無稽ではなかったでしょう。逆に言えば、このような話を作らなければならないほど、仏教にとって師資相承は大事だったのです。

受戒の言い訳

師資相承の重要性が認識されたところで、ブッダの受戒に関する言い訳を見ていきます。法然の夢の話を長々と紹介したのにはワケがあるのです。決して言い訳ではありません。これがつぎのトピックの導線となるからです。では、はじめましょう。

すでにブッダの伝記については、紹介しました。出家したブッダは二人の聖仙のもとで修行をしますが、それは道にあらずと考えて、二人のもとを去りました。よって、この二人の聖仙は真の意味で師匠ではありません。これも法然にたいする源光や叡空の関係と同じです。その後、ブッダは五人の修行者と苦行に励みますが、彼らはブッダの仲間であり、ブッダの師匠ではありません。

その後、ブッダは一人で修行を続け、覚りを開きました。「無師独悟《むしどくご》」です。さてブッダは五人の修行者に説法し、それがきっかけで教団ができ、その後、出家の作法も徐々に確立していきました。めでたし、めでたし、といきたいところですが、そうはいきません。屁理屈を言う出家者がまたしてもツッコミを入れます。

「ブッダは受戒の儀式を経ずに出家し、覚りを開いているのはおかしい。仏教にはちゃんとした出家の儀式、受戒の作法があるのに、ブッダはそれを無視している。そもそも、どうやって戒体を獲得したのだ」と。

「無茶言わないでくださいまし。ブッダが覚ったとき、教団もなければ、出家作法もまだ確立されてもいないのでございますよ。どうして、そのような儀式に則ってブッダが出家しなければならないのですか」と言いたくなります。

もう一つ、ツッコミどころがあります。最初にブッダに従って出家者になったのは誰でしたっけ。五人の修行者でしたね。受戒の作法はどのように行われるのでしたでしょうか。受戒作法に必要な人数は一〇人でしたね。おっと、ここにも問題が横たわっていました。カーシャパという仏弟子が出家したときも同様です。

このように、最終的に確立した正式な受戒作法から見れば、最初期の受戒作法は問題だらけです。というか、そもそも出家するのにそのような儀式はなかったのですから、仕方ありません。でも、それを問題視する出家者がいたのでしょう。「どないなっとるんや！　ちゃんと説明せんかい！」と恫喝され、「いや、その……」と困り果てた、気の小さい私のような出家者はこの問題にどう対処し、どう言い訳したのでしょうか。

本来一つだった律蔵も教団が分裂し（後述）、いくつかの部派によって伝承されましたが、伝承する部派によって、古い伝統をそのまま保持した部派もあれば、言い訳に敏感で、大きくその内容を変更した部派など、その変容の度合いは一様ではありませんが、ここではその変容の激しい律蔵から紹介します。

ブッダは出家者にたいして、「具足戒には一〇種類あるのですよ」と、もったいぶって前置きし、言い訳をはじめます。全部をここで紹介するのは控え、最初の三つのみを見ていきますね。ブッダ曰く、「その第一は私自身の受戒だが、私は自然無師にして自ら具足戒を得た。つぎに五人の修行者だが、彼らは覚りを開いたこと（得道《とくどう》）で具足戒を得た。それからつぎに、弟子のカーシャパだが、彼は自ら誓って具足戒を得たのだ

（後略）」と。

「三師七証」という一〇人の出家者から成る集団において受戒がなされるのが本来の姿ですが、それから逸脱するケースについては一〇項目に亘って例外を認めているのです。この中でも一番問題になるのは、やはりブッダ自身の受戒です。親亀がこければ、子亀はすべてこけますから、「ブッダ自身は自ら受戒した」ことをさらに基礎づける言い訳が必要でした。そこで何をしたか。

律蔵は六法全書のように大部の文献であり、さまざまな章から成り立っています。その中でも重要なのがこの受戒を扱う章です。受戒を扱う章ですから、受戒についての記述しかないと思いきや、多くの律蔵はこの中に、場違いにも見える「仏伝的な記述」を含むのです。おかしいですねえ、何か臭います。

その理由は、ブッダが戒体（具足戒）を得たことの根拠を、出家して修行して覚りを開いたことに求めているからです。

「燃灯仏に授記されて以来、ブッダは輪廻しながら自分自身を布施するなどの厳しい修行を繰り返し、今生では王子として生まれると、満ち足りた生活をしていたのに、人生の無常を感じ、その華やかな宮殿での生活を放棄して出家するや、一変してボロの衣を身にまとって修行し、断食を中心とする苦行に身を投じ、死体にさえ間違われたほどでしたが、最後の最後に悪魔の誘惑に打ち勝って、ついに覚りを開いたのです」と、息もつかさぬ勢いでたたみかけてきます。

「さすがブッダ！　燃灯仏に授記されて以来、ずっと修行されてきたのですね。常人にはとうてい真似できませんわ。これだけのことを実践すれば、戒体が自然と身につくの、あなたならわかるでしょ。当然、わかりますよね」と言わんばかりの言い訳。

ある律蔵は「出家した時点で受戒した」と考え、また別の律蔵は「燃灯仏に授記された時点で受戒した」と考えます。細かな違いはあるものの、律蔵は具足戒の作法を基礎づけるために仏伝をフルに利用して、大がかりな言い訳をしたのでした。

これまで「いちゃもん／屁理屈」という言葉を多用してきましたが、それはある意味で出家者を出家者たらしめる戒体とは何か、またどうあるべきかを真摯に考えぬいた結果でもあるのですね（フォローになってないか）。

分裂した教団

本章では、出家者の戒律や受戒に関する話を取り上げましたので、出家者と金銭の授受に関する戒律を最後に取り上げますが、この話をするためには仏滅後の教団の歴史から説きおこさなければなりません。

ブッダが存命のころ、教団は小さいながらも和合を保っていました。教祖ブッダのもと、出家者は一つに統合されていました。仏滅後しばらくはよかったのですが、一世紀あるいは二世紀が経過すると、教団に亀裂が入る事態が生じます。

その理由はハッキリわかっていませんが、金銭の授受が問題だったという説もあります。金銭は世俗の代表格ですから、出家者はそれに触ってもいけませんでした。しかし、貨幣経済の発達も手伝い、仏滅後しばらくすると、お布施の中に金銭が含まれるようになってきます。さあ、ここで問題勃発。ブッダに年齢の近い長老たちは、あくまで純粋にブッダの教えを守ろうと、金銭の授受を拒否します。

それにたいし、若い出家者たちは「もうそんな時代ではない。長老方は考えが古いのですよ」と、いつの時代でもあるような「老人vs.若者」の会話をしたかどうかは知りませんが、教団の意見が二つに割れてしまいました。けっきょく、意見の統一は見られず、和合を保っていた教団は分裂したのです。

そしていったん分裂してしまうと、あとは雪崩を打ってさらなる分裂を繰り返し、最終的に教団は、一八あるいは二〇ほどのグループに分裂しました。このグループのことを「部派」と呼びます。日本で言う「～宗」のようなものだと理解しておきましょう。

そして仏教は二つの異なったルートを経てアジアの各地に広まっていきました。一つはインドからスリランカやタイなど南に伝わったルート（南伝）、もう一つはインドから中央アジアを経由してチベット・中国・日本になど、北に伝わったルート（北伝）です。よって、日本の仏教は北伝に属します。

出家者とお金の関係

いつものように前置きが長くなりましたが、教団分裂の原因にもなった出家者と金銭の授受に関する言い訳を見ていきましょう。

お金や性の問題、あるいは政治との関わりなど、聖職者の〝俗っぽい話〟は人々の興味をそそります。日本仏教は厳密な意味での持戒は破綻しているので、寺院が本業ではない駐車場経営で金儲けしようが、僧侶が肉食妻帯しようが、お酒を飲もうが、「あっ、そう」「それで？」の一言で片づいてしまいます（考えようによっては、恐ろしいことですが）。しかし、インド仏教の場合は「持戒」が建前ですから、そのギャップは興味を引きます。

ここでは性や政治の問題は脇に置き、お金の問題を見ていきます。興味深いテーマです。世俗を捨てた出家者と世俗を代表する金銭は、古代インドにおいてどう関係し、どう折り合いをつけたのか、ゾクゾクしますね。

ブッダは「金銭に触れてはならない」という規則を制定しました。「触れてはならないのなら、所有することも禁止されているはずだ」と理解する人もいれば、「触らなきゃいいんでしょ。でも所有するなとは言われなかったから、誰かに金銭を管理させ、私はそれを所有しよう」と解釈する人もいます。皆さんはどちらのタイプですか。私は後者です。橋の真ん中を通った一休さんも後者でしょう。

さきほど、教団分裂の原因として「金銭の〝授受〟」という表現をしましたが、この表現は抽象的です。言い訳するには、微妙な表現の違いがモノを言います。そこに注目しながら、金銭の授受をめぐる言い訳を見ていきましょう。

ここでは「授受」を「手に取る（＝触れる）」と「受け取る（＝所有する）」に分けてみます。すると、どのような言い訳が可能になるでしょうか。すでに紹介したとおりです。つまり、出家者は金銭を「手に取る」ことはできませんでしたが、「受け取る」ことはできました。一方、見習いの出家者は金銭を「手に取る」ことはできましたが、「受け取る」ことはできませんでした。

この二人が二人羽織のように力を合わせると、どうなるか。正式な出家者は金銭に触れられないので、見習いの出家者に金銭を管理させ、所有権はしっかりと確保したのでした。触れられなくても所有する権利さえ確保できていれば問題ないですから。

ここで「手に取る」と「受け取る」と訳した原語（古代インド語）の動詞はまったく同じであり、その接頭辞（英語の「前置詞」に相当）が違うだけです。なので、表現は似ていますが、その意味するところは「触れる」と「所有する」くらいに開きがあります。このような言い訳のもと、当時の出家者は金銭を所有するようになりました。ただし、これは当時の部派すべてには当てはまりません。ある一部の部派（といっても、当時の最大部派ですが）の律蔵の記述によることを断っておきます。

こうして、当時の出家者も金銭を所有していることが明らかになりました。タイムマシンで当時に舞い戻り、当時の出家者にこの事実を突きつければ、彼らは何と答えたでしょうね。「所有はしているけど、執着はしていないよ」とでも答えたでしょうか。「酒は飲んでいるけど、飲まれちゃいないよ」という論法（言い訳）と同じです。

出家者によっては極めて裕福な人もいたようで、僧院を建築したり、何かを寄進したりするさい、その寄進碑の記述から多くの出家者が積極的な寄進者だったことが明らかになっています。これ以外にも、出家者の所持品は課税対象だったとか、出家者は負債支払い能力のある者と考えられていたとか、さらには盗まれた品物を買い戻したなどの事実も確認されています。

以上は、アメリカ仏教学の泰斗グレゴリー・ショペン先生の研究から紹介しました。先生はこの手の事実を明らかにするのが大好きで、オセロを裏返すように、これ以外にも従来の常識（聖性）をつぎつぎと覆していきました。私も先生に大いに触発された者の一人です。

第五章　言い訳から生まれた大乗仏教

本章では、聖典解釈にまつわる言い訳を二つ紹介しますが、この二つは別物ではなく、関連しています。仏教の聖典は三蔵と言われますので、まずは三蔵の力関係を説明し、それに基づいて、大乗経典が誕生した経緯を辿っていきましょう。三蔵の力関係に関する言い訳が、期せずして大乗経典を誕生させることになったのです。

経蔵――壮大な伝言ゲーム

「三蔵」と聞くと、日本人の多くは「三蔵法師」を思い浮かべるのではないでしょうか。では、三蔵って何でしょう。それは仏教の典籍（文献）すべてを意味する言葉です。経《きょう》蔵《ぞう》・律蔵・論蔵の三つを指します。

まず大事なのが経蔵。「お経」のことです。これに「さん」をつけて「お経さん」と言う人もいます。難しいお経が身近に感じられてグッドです。お経とは、仏教という宗教を開いたお釈迦さん（以下、ブッダ）が言ったことや行ったことを、弟子たちが自分たちの視点でまとめたもので、ブッダ自身が自分の言動を書き記したものではありません。だから、お経の出だしは「如是我聞《にょぜがもん》（私はこのように聞いた）」で始まるのです。

今「書き記した」と書きましたが、これは正しくありません。仏教が誕生した紀元前五世紀ごろ、お経は「話し言葉」で伝えられていました。「口伝《くでん》」です。弟子が師匠であるブッダの言行を記憶に留め、自分が師匠になったときにそれを話し言葉でまた弟子に伝える。お経は当初、このように伝承されていったのです。それが「書き言葉」として伝承されるようになったのは、紀元前後です。

さきほどの表現で、もう一つ訂正すべきことがありました。お経をブッダが「言ったことや行ったことを、弟子たちがまとめたもの」と書きましたが、これも正しくは「ブッダが言った〝とされる〟ことや行った〝とされる〟ことを、弟子たちがまとめたもの」と表現すべきでした。

仏教を信じている人にとって、お経はブッダが「言ったこと／行ったこと」として受け取るべきものですが、歴史的には、そして学問的には「言ったとされること／行ったとされること」と表現しなければなりません。実際には「言っていないこと／行っていないこと」も、これから確認していくように、お経には含まれているからです。

自分の心酔する師匠の言うことにはどうしても尾鰭《おひれ》をつけてしまうものです。またブッダの言葉も自分に引き寄せて理解したくなるので、「ブッダが言われたことはこういう意味に違いない／自分としてはこう理解したい」と思ってブッダの言葉を受け取り、それを次世代に伝承していくと、実態とは離れていってしまいます。伝言ゲームはその典型ですね。一〇人を経由すれば、最初と最後では似ても似つかぬ内容になっていることがあります。

では、計算で確かめてみましょう。最初は一〇〇だった内容が一割ずつ変形して一〇人を経由すれば、最初の要素は最後にどれくらいになると思いますか。つまり一〇〇に九割をかけると第一段階では九〇、それに九割をかけると第二段階で八一、こうして最終段階には三四程度になるのです（数式で表すと 100×0.9^{10} となります。知ったかぶって書きましたが、数学に強い次男に聞きました）。これが八割だと（100×0.8^{10}）、最後は一〇程度です。絶望的です。

ともかく、お経とは「ブッダが言ったとされることや、行ったとされることを弟子たちがまとめたもの」と、ここでは理解しておきましょう。これが第一の典籍で、「経蔵」と言います。

律蔵と論蔵——後追いの規則と理屈

第二の典籍は律蔵です。これは「ブッダが制定したとされる規則を集成した典籍」です。これも「制定したとされる」というところがミソで、現存するすべての規則をブッダが実際に制定したかどうかは不明です。

この規則は二つに大別されます。一つは悟りに資するための規則、もう一つは教団という組織を円滑に運営するための規則です。後者については省略しますが、前者は前章で触れた「殺さない／盗まない／邪淫を犯さない／嘘をつかない／酒を飲まない」（五戒）といった規則がこれに当たります。男性の出家者の場合、守るべき戒律は全部で二五〇、女性の出家者の場合は三五〇ほどあります。

これらの規則は、最初から二五〇や三五〇すべてがそろっていたわけではありませんし、何の前提もなく制定されたわけでもありませんでした。私のように素行の悪い出家者の問題行動が先ずあり、それを禁止するために、「後づけ」で規則が制定されます。ですから、律蔵を見ると、規則を制定する前段では、その規則が制定されるに至った因縁話（説話）が説かれます。よって、律蔵は無味乾燥の規則の羅列ではなく、非常に人間くさい説話で彩られています。後代、律蔵から面白そうな説話だけを抜き出し、それらを核として独立した説話集も作られました。

ちなみに、私はそのような文献を研究しております。エログロな話もありますが、横道にそれるので深入りはしません。

ともかく、経蔵と律蔵は後世の出家者が伝承した文献です。当初はブッダを直接知っている仏弟子が伝承しましたが、時代が下ると、ブッダを直接知らない出家者たちが伝承していきます。しかも、自分たちの思いを反映させて。それを「仮託」と表現します。自分が言いたいことをブッダに仮に託し、ブッダの口を借りて、ブッダ自身が〝語ったことにする〟のです。すべてがそうではありませんが、そのような記述も混在しているので、注意が必要です。というか、こういうところに本書で話題にする〝言い訳〟が巧みに埋め込まれているんですね。

この経蔵と律蔵とは、仮託も含めて「仏説」、つまり「仏（ブッダ）が説いた」ことになっていますが、三番目の「論蔵」の位置づけはまったく異なります。論蔵とは、経蔵と律蔵とにたいする注釈文献ですから、それは後代の出家者が作成したものです。よって「仏説」ではありませんが、経蔵と律蔵とを理解する上で、論蔵の理解は欠かせません（これについては、終章でふたたび取り上げます）。こうして、仏説である経蔵と律蔵、それに仏説ではない「論蔵」とを合わせて「三蔵」といい、これで仏教の典籍すべてが包括されます。

この三蔵に通じているということは、仏教の知識すべてにくわしいことを意味するので、「三蔵法師」と言われた中国の玄奘《げんじょう》は、相当の学者だったと想像されます。玄奘はインドに行って大量のインドの仏典を中国に将来し、自国語に翻訳しました。その量は膨大であり、また質的にも勝れた翻訳を行いました。

さて、教団が一つだったときに成立していた経蔵は、前章で取り上げた部派の成立後、それぞれの部派によって伝承されても、大きな変容は被らなかったようです。では律蔵はどうか。これも分裂以前に成立していましたが、経蔵とは少し異なる事情がありました。それを説明しましょう。

すでに触れたように、律蔵は大きく二つに分かれます。一つは覚りのために出家者が守るべき戒律の集成、もう一つは教団を円滑に運営するための規則集です。このうち前者は部派が異なっても、大きな違いは見られません。当然です。覚りに至る戒律に多様性はないからです。一方、後者にはかなりのバリエーションがあります。教団がそれぞれ異なるのですから、その運営にも教団の色が出るのは当たり前ですよね。

最後の論蔵は、経蔵と律蔵にたいする注釈であり、部派が分裂した後に成立した文献ですから、その内容は部派によって大きく異なります。これこそ部派の特色がもっとも色濃く出る文献と言えるでしょう。

こうして、それぞれの部派はそれぞれ独自の三蔵を保持し、部派独自の教理を論蔵に蓄積したり、またそれに加筆修正を加えながら教理を体系化したりしたのです。

密意と法性と隠没——論蔵も仏説だ！

以上で三蔵の〝表の顔〟が明らかになったので、次に三蔵の〝裏の顔〟を紹介します。この裏の顔こそ、ブッダに言い訳をさせる〝陰のフィクサー〟と私は考えていますので、それをこれから説明していきましょう。

さきほど、経蔵と律蔵は仏説、論蔵は非仏説だと説明しました。ところが、ところがです。仏滅後のある時期、「論蔵も仏説だ」と言い出す出家者が現れ、それを論証するために精緻な理論を構築しました。

「それはいくらなんでも無理筋です。だって論蔵は仏滅後、仏弟子たちが作った文献ですよ。それは仏説なんてありえない話じゃないですか！　不可能です。インポシブルです」と言いたくなりますよね。

しかし、その不可能を可能にするような理論ができあがります。どうすれば、そんなことが可能になるのか。では、これを明らかにした本庄良文先生の研究に基づきながら、説明していきましょう（以下は私独自の解釈も多分に含まれますので、批判があれば、決してその矛先を本庄先生に向けぬよう、注意を喚起しておきます）。

ブッダは相手に応じて法を説いたので、表面上は矛盾するような経説も経典に存在します。では実際に初期経典中に存在する文言を紹介しましょう。ある場所では「一切は苦である」と説かれていたかと思うと、別の経典では「一切は苦ではなく、楽もあり、苦と楽との中間もある」と説かれています。明らかに矛盾していますね。

ブッダが二枚舌を使っていないとすれば、そして当然、仏教徒は「二枚舌を使っていない」と考えますから、これを会通するには言い訳が必要になります。そこで後世の出家者たちは、いろいろと頭をひねりました。ブッダが二枚舌を使っていないなら、どちらも「正しい」とせざるをえません。しかし、同一事象に答えが二つあるのはマズイので、「密意」という解決策を見出しました。「密意」って何でしょうか。

たとえば、この例のように、A説とB説が矛盾してぶつかった場合、どちらか一方を「そのまま受け取ってもよい説」（了義）として確定します。

ではもう一方はどう処理されるかというと、「そのまま受け取ってはならない説」（未了義）、つまりそれは「ブッダが何らかの秘密の意図（密意）をもって特別に説かれた教え」と考えたのでした。どちらを了義にし、どちらを未了義にするかは、部派によって異なります。

そして、このような経蔵や律蔵に見られる矛盾は、出家者たちによって、その都度その都度、吟味しては決定していくことになり、その解釈は論蔵に蓄積されていきます。だんだん、論蔵の価値が高まっていくのがわかりますね。こうして、論蔵の解釈なしには、経蔵や律蔵の内容が解釈できないようになっていきました。

こうして、偉い出家者たちの解釈が重要視されるようになると、その解釈はオリジナルな経蔵や律蔵の文言から徐々に距離を置き、気がつけばずいぶん離れてしまうような場合もあったでしょう。そうなると、「そんなこと、本当にブッダが説いたとあなたは本気で思っていますか」というツッコミが入ったかもしれません。そこでさらに、つぎのような言い訳が作られます。

「理屈（法性《ほっしょう》）に叶っていたら、仏説でいいじゃん！　なんか文句ある？」と開き直ったのでした。とは言え、これはなかなか真理を突いた言い訳、というか、これは言い訳の域を超え、仏教の正統な理論と言えます。

第一章でブッダは本来、普通名詞だったと指摘しました。確かにこの「仏説」の「仏」を固有名詞（つまり「歴史的ブッダ」）と理解すれば、論蔵は仏説ではありえません。

しかし、これを普通名詞と理解すればどうでしょうか。仏は理に叶ったことしか言いませんから、これを逆に言えば、「理に叶ったことを言う人は誰でも仏」となります。こうして歴史的ブッダ（固有名詞のブッダ）にとらわれず、仏説を幅広く解釈する余地がここに生まれたのでした。こうして、論蔵の解釈も理に叶っていれば仏説であり、その理に叶った解釈が詰まった論蔵も仏説とみなすという理論が成立します。

このほかに「隠没《おんもつ》」という言い訳もあります。これは何でしょうか。論蔵には現存の経典には含まれていない教えも説かれています。しかし、それも「今では失われた経典に説かれていた教えである。阿羅漢である著者が三昧（精神集中）に入り、特殊な智慧でそれを回復せしめたのだ」と言い出しました。つまり、隠没という言い訳で、経典にはない教えも仏説として論蔵に蓄積していったのです。

この隠没は歴史的に見ても妥当です。最初の仏典編纂会議で経典編纂の責任者となったのは、アーナンダです。常にブッダに従い、白くなった陰毛を痛みに耐えて抜き抜きしながら、ブッダの説法を一番身近で聞いていたから当然です。しかし、そのアーナンダが出家したのは教団が成立してからしばらく時間が経過してのことですから、アーナンダが出家する以前に説かれた経典は編纂から漏れている可能性があります。それが三昧で回収できるかどうかはわかりませんが。

こうして、密意（了義／未了義）・法性・隠没という三本柱の理論武装で論蔵を仏説と主張したのでした。

逆転する三蔵の関係

組織が大きくなると、効率化のために細分化されていきます。大学なら、教務課・学生課・就職課・総務課など、会社であれば、企画部・人事部・営業部・経理部などで、いわゆる組織の「縦割り」が始まります。映画『Shall we ダンス?』の冒頭で、「あー、つまんない。営業ばっか会社を支えてると思って」と経理課所属の女子社員が飲み会の帰りに主人公の経理課長・役所広司にぼやくシーンがあります。このように、部署間で格差が生じ、上下（優劣）関係が形成されていくこともあります。

同様に、仏教教団も、三蔵の専門性にあわせて出家者の役割が分担されました。経蔵を伝持する出家者、律蔵を保持する出家者、そして論蔵を担当する出家者です。三蔵すべてに通じた博学な出家者もいたでしょうが、三蔵は各専門の出家者によって分担され伝承されたのです。

そして組織が縦割りになると、各部署はそれぞれの立場から全体の利益を考えるべきことを忘れ、部署を優先する行動を取るようになります。自己防衛本能が働くからでしょうか。三蔵のどれ一つが欠けても仏教典籍ではあり得ないので、どれが一番勝れているという話ではないのですが、ある時期から三蔵に優劣がつけられるようになりました。さきほど説明したように、論蔵は仏説の地位を獲得したのみならず、論蔵の担当者は経蔵と律蔵とを差し置いて、論蔵を三蔵の最高位に位置づけたのです。

「どこまでやるんだ！」という感じですが、経蔵と律蔵とは論蔵の理解なしには解釈できないようになっていったので、力関係が逆転してしまったのです。そしてそれを暗に示すため、律蔵の中につぎのような話を創造しました。それを紹介したいのですが、その前に一つだけその前提となる話をしなければなりません。

教理が整理されると、修行の階梯《かいてい》（ステージ）も整備され、四段階を経て覚りを開くと考えられるようになりました。その段階にもそれぞれ名前がついていますが、それは省略します。四段階あるということだけ、頭に入れておいてください。では、ここでも本庄先生の研究に基づき、その話を紹介します。

シュローナという人は縁あって仏教信者になりました。そしてカーティヤーヤナという仏弟子から法を聞きました。この時点で、シュローナは第一段階に進みます。そしてこの後、彼は在家信者ではありましたが、経蔵を修得して第二段階に進みます。それから見習いの出家者となったシュローナは律蔵を修得して第三段階に進み、最後には正式な出家者となって論蔵を会得し、第四段階に到達して覚りを開きました。

このように、三蔵の修得が見事に覚りのプロセスに対応し、経蔵→律蔵→論蔵という順番で覚りのプロセスが第二段階→第三段階→第四段階へと徐々に深まっているのがわかります。このような話を創作することで、論蔵が経蔵と律蔵とを上回る最高の典籍であることを、それとなくほのめかしたのでした。

それにひきかえ、小林製薬の商品名には〝ほのめかし〟が微塵もありません。あまりにストレートで、すがすがしささえ感じます。内臓脂肪を取る「ナイシトール」、熱をさます「熱さまシート」、このほかにも「髪の毛集めてポイ」「ガスピタン」「トイレその後に」なども、商品名とは思えない直球ど真ん中ストレート勝負の命名です。「トイレットペーパーでちょいふき」に至っては、もはや説明書を兼ねているような開き直り方ですね。私はこのような小林製薬のネーミングが大好きです。心を鷲づかみにされます。他にもたくさんあるので、ぜひホームページを見てください。優に半日は時間がつぶせます。

ともかく、論蔵を仏説と主張した強引な手法とは裏腹に、ここではじつに奥ゆかしい手法を使って、論蔵の優位を説いたのでした。

このように論蔵が仏説になり、しかも経蔵と律蔵とを押さえて最高位に上りつめると、何が起きるでしょうか。今度は最高の権威である論蔵の解釈によって、経蔵と律蔵が修正を余儀なくされますが、この修正こそ言い訳（すべての言い訳ではありませんが）の正体だったのです。言い訳の背景には、この論蔵至上主義があったのですね。

ただし、その修正の仕方はさまざまであり、原典である経蔵や律蔵に注釈的な文言を付加して矛盾を解消する場合もありました。たとえば、夢の場合は「ブッダが〝菩薩だったときに〟夢を見た」、一切知者の場合は「ブッダは〝知っていてわざと〟訊ねることがある」のように、単なる一節を付加する場合もあれば、アングリマーラの説話のように、大がかりな説話を創造する場合もありました。

歴史的に見れば、経蔵と律蔵とがまず編纂され、その後に経蔵と律蔵を注釈した論蔵が誕生しましたが、論蔵が仏説とみなされ、しかも論蔵が三蔵の最高位につくと、今度は逆に論蔵の教理に合わせて経蔵と律蔵の記述が見直され、不整合を生じる場合には修正が施されました。ただし、その言い訳の度合い（濃淡）は部派によって異なります。言い訳に無頓着な部派もあれば、敏感な部派もありました。千差万別です。

論蔵仏説から大乗仏説へ

論蔵を担当した出家者たちは、自らが担当する典籍の価値を高めようと腐心し、論蔵を仏説とみなすために、密意（了義／未了義）・法性・隠没という三本柱で理論武装しましたが、これは意外なところに飛び火していきました。大乗経典の誕生です。

伝統仏教の中の論蔵を仏説とみなすべく理論武装した理論が、伝統仏教に反旗を翻す大乗仏教の経典、すなわち大乗経典を仏説とみなす根拠を与えてしまったのでした。諸刃の剣というか、何とも皮肉な結果です。ここでは論蔵の三本柱のうち、法性説と隠没説を取り上げましょう。まずは法性説から。

大乗経典は紀元前後以降に編纂されたと考えられているので、時期的には仏滅後三〇〇年以上が経過してからということになります。つまり、ブッダは大乗経典を説かなかったわけです。ブッダは輪廻から解脱し、したがって輪廻しないので、三〇〇年後に生まれ変わって大乗経典を説いたという言い訳はできません（「私はブッダの生まれ変わりだ」という宗教者がいますが、これは仏教の教理的にはありえません）。

では、大乗経典を説いたのは誰か。

ここで大乗経典の編纂者は、論蔵を仏説とする根拠の法性説を借用しました。この法性説は、じつは初期経典中にその萌芽があったと見ることもできます。というのも、ある初期経典には「何であれ、善く説かれたものは、すべてブッダの言葉である」という有名な経文があるからです。何を善く説いたのかというと、真理（法）であり、これをうまく表現していれば、それは仏説とみなせることになりますね。これを逆から言えば、真理をうまく表現する人は「仏」ですから、それを「ブッダ」に限定する必要はないということを意味します。

法性説に加え、この経文を拡大解釈していけば、歴史的ブッダにこだわらなくても、それが真理に叶っていれば「仏説」とみなせる道が開けてきます。そもそも「仏」は普通名詞だったのであり、仏をブッダに限定する必要はなかったのです。だから、大乗仏教はある意味で本来のあるべき姿に戻ったとも言えるのです。では、法性説をもう少しくわしく考えていきましょう。

仏弟子が説いた経説でも、仏説と認められる基準が三つあります。一つ目は弟子が説いたものを後にブッダが承認したもの、二つ目は説法する前にブッダが承認して説かせたもの、そして三つ目はその説法に「霊感」が認められるものです。実際にそのような経典が初期経典中に確認できます。大乗経典を考える場合、歴史的ブッダはすでに亡くなっていますから、一つ目と二つ目は使えません。

というわけで、三つ目の基準を使うことにより、大乗経典も仏説とみなすことができます。言葉は違いますが、真理に叶っていない経説に霊感は宿りませんから、この三つ目の基準は法性説と同義と考えていいでしょう。このあたりは実践（修行）あるいは宗教体験と深く関わることなので、覚りから最も縁遠い私が覚りの状況を云々するのはチャンチャラおかしいのですが、それを百も承知で、少し私見を述べます。

仏教も宗教ですから、実践（修行）が大事です。実践を通して自我（あるいは「煩悩」や「執着」と言い換えてもいいでしょう）という厄介な覆いが崩壊すると、そこに真理（法）が降りてきて真理の器となるので、それが言葉として結実すれば、当然そこには霊感（霊＝法）が宿り、その人が語ったことは「経」としての価値を持ちます。たまたまブッダはそれを実現した第一号だったわけですが、真理の器となるのはブッダに限ったことではありません。ブッダ第二号やブッダ第三号がブッダ第一号に続いても何ら不思議ではないのです。

歴史的ブッダが説いたことを仏説とみなすのに問題はありませんが、では仏滅後、ブッダでない出家者（あるいは在家信者？）が説いたことを仏説とみなす根拠は何でしょうか。理に叶っていると言っても、また霊感が認められると言っても、まだ抽象的ですね。仏説と判断する何かよい基準はないものでしょうか。

仏教は苦からの解脱を目指す宗教ですが、これを使えばもう少し具体的な基準が見えてきます。つまり、苦からの解脱（＝苦を滅すること）に資する教えであれば、それは仏説とみなすことができます。完全になくならなくても、軽減されれば経の基準を満たしていると私は考えます。そこまで経の解釈を広げれば、小説や格言も経とみなすことができますね。

真理に目覚めた人が仏ですから、仏になるためには真理との接触が不可欠です。そして、その真理との接触によって苦は滅しますから、ある教えによって苦を滅すること、あるいは軽減することができれば、その教えは真理を含み、霊感が認められると考えてよいでしょう。そして、そのような言説は普遍性を持ちますから、時間と空間とを超えて伝承されるはずです。二〇〇〇年も前にインドで誕生した大乗経典が今なお日本を含め世界中で伝承されているのは、やはりそこに霊感が認められるからではないでしょうか。

新旧を逆転させる隠没という言い訳

もう一つの理屈である隠没説を見ていきましょう。隠没説は、ブッダが覚りを開いてからアーナンダが出家するまでの短い期間に説かれた経典が意図されていましたが、大乗経典ではそのスケールが格段にアップします。では、大乗経典の隠没説を見ていきましょう。鍵を握っているのが龍樹《りゅうじゅ》（ナーガールジュナ）という人です。

龍樹は紀元後二世紀から三世紀頃にかけて活躍し、般若経典に説かれる「空」の思想を精緻に理論化した偉い出家者です。彼には伝記が残っているのですが、そこに「大乗経典の隠没」に関する記述があります。きわめて空想に満ちた内容ではありますが、彼の伝記である『龍樹菩薩伝』を見てみましょう。

龍樹は南インドのバラモンの階級に生まれ、幼少期より秀でた才能を発揮し、バラモン教の聖典である四つの聖典（ヴェーダ）を修得しましたが、縁あって仏教の教えに出逢い、出家します。そして九〇日のうちに伝統仏教の三蔵をすべて修得しました。そこでさらに異なる別の経典を求めましたが、どこにも得られませんでした。ついにヒマラヤ山に入ると、そこにいた一人の修行僧は彼に大乗経典を与えました。まだそれをすっかりとは通達できなかったものの、龍樹は慢心してしまいます。

それを憐れんだ大龍菩薩は、龍樹を連れて海中に入り、龍宮に連れていきました。そして、七宝よりなる蔵を開き、七宝よりなる函を開けると、そこに納められていた大乗経典を授けたのです。龍樹は九〇日をかけてそれを読み、その奥義に通達したので、龍たちは彼を南インドに送り返しました。こうして龍樹は大乗の教えをインドに広めたと言います。

このように、龍樹は最初、伝統仏教の三蔵を修得しますが、それでは充分ではありませんでした。最終的には龍宮に埋蔵されていた大乗経典を修得することで、龍樹は仏教の奥義に通達したので、これが大乗経典の優位性を暗示していることは明らかです。そして、伝統的な経典が流布しているとき、すでに大乗経典は存在していましたが、まだ誰にも知られていなかったというのですから、これは、さきほど見た隠没説の発展形です。ようやく機が熟したと言わんばかりです。

大乗経典の『華厳経《けごんきょう》』にも、似たような伝説が残っています。龍樹が龍宮を訪れ、そこで上本・中本・下本という三種類の『華厳経』を発見します。そのうち上本と中本はあまりに長大であったので、それはそのまま龍宮に秘蔵し、下本のみを龍樹は人間界に持ち帰りましたが、それが現行の『華厳経』だといいます。これは中国仏教で創作された伝説ですが、おそらく『龍樹菩薩伝』に倣ったものと考えられます。これも『華厳経』の箔つけに一役買ったでしょう。

このように、大乗経典の成立には龍樹が深く関与していることがわかります。それも手伝ってか、龍樹が大乗経典の制作者ではないかと疑う海外の研究者も現れました。

さて、この隠没の論理はチベットでも活用され、「埋蔵経」として展開しました。チベットでは山や洞窟に埋蔵されていた仏典が必要とされるときに姿を現し、人々を導くとされます。たとえば、かつて日本でも人気を博した『チベット死者の書』もその一つです。

よくよく考えると、この「隠没（あるいは埋蔵）」という言い訳は、じつによくできています。なぜなら、新しく創作したものでも「じつは古い」と主張できるからです。これを使えば、新参ものも伝統を装うことができ、物事の新旧を一気に逆転させることができますよね。こうして、歴史的には新しい大乗経典も伝統を装い、隠没（埋蔵）という名の下に、伝統的な経典をしのぐ価値を付加しようとしたのでした。

大乗仏教の涙ぐましい努力

これに関連し、伝統を装うための大乗経典の手口、失礼、手法を紹介します。伝統仏教における過去仏で最古（始原）の仏は燃灯仏でした。燃灯仏についてはすでに説明しましたが、伝統仏教はこれより古い仏を認めません。大乗仏教側から見れば、そこが狙い目、付け目となります。

歴史的に成立の新しい大乗経典は、伝統を装うために燃灯仏の位置づけを変えてしまいました。どう変えたのか。今風に言えば、「マウントをとる」ということになるでしょうか。これは「相手の上に乗っかり（マウント）、相手よりも自分の優位性を主張し、威圧的な態度を取ること」を意味します。猿がやるアレです。

では、大乗経典が伝統仏教にたいしてどうマウントをとっているのか、その手法を具体的に見ていきますが、これには三つの型があります。

①始原の仏である燃灯仏よりもさらに古い時代に過去仏を配置することで伝統仏教の価値観を相対化し、それによって大乗経典の価値を高める
②燃灯仏授記に絡めて、新たな大乗仏教の思想をさりげなく盛り込む
③燃灯仏授記の「釈迦菩薩と燃灯仏」の関係を新たな関係で置き換える

①の手法ですが、これについては『金剛般若経《こんごうはんにゃきょう》』の用例を紹介しましょう。ここではブッダが過去を回想し、説法の相手である仏弟子スブーティにこう言います。「過去世

において、燃灯仏、またそれよりもはるか昔に多くの仏がいたが、私は彼らを喜ばせたのだ」と。

この後、「これらの数多の仏を供養することよりも、正法が滅びるときに般若経典を記憶し、読誦し、学修し、他者に説く功徳が遥かに優れている」とブッダは説きます。このように、『金剛般若経』は燃灯仏よりも昔に多くの仏がいたと、まず伝統仏教にマウントをかまし、さらにそれらの仏をすべて供養するよりも、『金剛般若経』を含め、般若経典を護持する方が遥かに優れていると説くことで、大乗経典である般若経典の優位性を主張しているのです。このような手法は他の大乗経典にも見られます。

つぎは②です。これについては、まず『法華経』の例を見ていきましょう。ここではその序章で説かれる記述に注目しましょう。詳細は省きますが、ブッダは過去世において、すでに『法華経』は世間に流布し、過去仏によって説かれていたという事実を明かします。燃灯仏よりもはるか昔に、日月灯明如来《にちがつとうみょう》がすでに『法華経』の教えを説き示していたのであり、その『法華経』の教えが過去世において伝承されてきたのであるが、その最後が燃灯仏であったというわけです。

ここでも燃灯仏は始原の仏の座を日月灯明如来に譲り、自らは「その他大勢の過去仏の一人」という地位に貶《おとし》められます。『金剛般若経』と同様に、伝統仏教の価値観を相対化し、『法華経』では始原の仏と位置づけられる日月灯明如来が『法華経』を説いたとすることで、『法華経』の歴史性をも担保しようとしたのでした。

つぎは『般舟三昧経《はんじゅざんまいきょう》』です。ここでは、燃灯仏は過去世において、それぞれ三人の異なった過去仏から「般舟三昧」という新たな三昧（精神集中法）を受持し、それを修して成仏したことを説いています。これを受け、その燃灯仏からブッダが般舟三昧を受持して成仏の記別を授かったと説きます。

このように、大乗仏教になってから新たに誕生した般舟三昧という新たな瞑想法も、じつは燃灯仏以前から存在していたのであり、これを修得することによって燃灯仏もブッダ自身も覚りを開いたという新たな物語を創造したのでした。

最後は③ですが、この典型は『無量寿経』です。経の前半では阿弥陀仏が誓願《せいがん》を立てて成仏した経緯をブッダが説明する件がありますが、そこでは燃灯仏を遡ること、はるか昔の過去世において、世自在王仏《せじざいおうぶつ》という仏が出現します。そのとき、国王であった法蔵という人が世自在王仏のもとで出家し、法蔵菩薩（阿弥陀仏の菩薩時代の名）となって四八の誓願を立てて、その誓願の実現に向けて修行しました。

これは明らかに燃灯仏授記の話をパクっているというか、上書きしていますよね。「燃灯仏と釈迦菩薩」の関係は「世自在王仏と法蔵菩薩」に置き換えることが可能だからです。ここでも世自在王仏は燃灯仏よりはるか昔の仏であり、その時代にすでに大乗経典で新たに登場する阿弥陀仏はじつは修行して阿弥陀仏となっていたのだというのですから、一気に伝統仏教の経典と『無量寿経』の新古の関係を逆転させています。

マウントと一口に言っても、さまざまなマウントの仕方、かぶせ方があるのがわかります。しかしいずれも、「そんなこと、私はあなたよりずっと前から知ってたよ」というのに等しい理屈です。実際は後から知ったことでも、この一言は一気に「私とあなたの力関係」を逆転させる便利な言い訳ではないでしょうか。

こうして大乗仏教徒は、伝統のなさを何とかカバーしようとし、あの手この手で涙ぐましい努力を重ねながら、その正統性を主張しようと頑張りました。「手口」などという下品な言葉を使ってしまいましたが、これも自分たちの信じる新たな仏教を根づかせるための「方便」だったのですね（ここも、フォローするには遅すぎたか）。

第六章　仏教は言い訳で進化した

いよいよ、最後の章となりました。ここまでさまざまな言い訳を紹介し、その背景を探ってきましたが、本書をしめくくるにあたり、終章では、本書で明らかになったことから派生する問題、および言い訳の価値について私見を示します。

キリスト教も会通する

ここまで仏教を中心に話を進めてきましたが、これは仏教だけのことなのか、あるいは宗教に普遍的に見られる現象なのか。すべての宗教を調べたわけではありませんが、最近、友人から紹介されたキリスト教関係の書物で、同様の記述がありましたので、それをここで簡単に紹介します。

それは山本芳久先生の書です。言い訳とは直接関係ありませんが、会通という点で共通します。

ユダヤ教・キリスト教・イスラム教は同根の宗教であり、聖典には神による「啓示」が書かれている点で共通します。聖典に関して言えば、ユダヤ教とキリスト教は近い関係にあります。時代的にさきに成立したユダヤ教の聖典は旧約聖書であり、その後に成立したキリスト教は旧約聖書と新約聖書とを聖典とするからです。言語的には旧約聖書の大部分がヘブライ語、新約聖書はギリシャ語で書かれています。

そして、旧約聖書と新約聖書に関して、より後に成立した聖典（新約聖書）は、それ以前に成立した聖典（旧約聖書）を踏まえつつ、新たな物語を付け加え、また前の聖典で述べられている話に独自の解釈や変奏を加えていくという構造になっているようです。このあたりはこれまで見た仏典と同じですね。

ではこの二つはどう違うか。イエス・キリストについて書かれているのが新約聖書、それ以前の神と人との関わりについて書かれているのが旧約聖書。この場合の「約」とは「契約」を意味し、神と人との関係を「契約」という概念でとらえるのが聖書の一つの特徴です。では、それはどのような契約だったか。端的に言えば、旧約はイエス以前に神が人と結んだ契約、新約はキリストが人となり、神と人との仲介者として打ち立てた契約です。

ですから、時代的な新古は明らかです。旧約聖書が古く、新約聖書が新しい。名前のとおりです。しかしながら、旧約聖書の読み方には二つあると山本先生は言います。一つは旧約聖書を旧約聖書そのものとして読むという読み方。これはきわめて自然です。もう一つはキリスト教固有の読み方になりますが、新約聖書の視点から旧約聖書を読むという読み方です。

時代的には逆行するので、歴史的な読み方というよりは、キリスト教的解釈を多分に含んだ読み方になるはずです。そのギャップを会通することで、より新約聖書の理解が深くなる場合があるようです。その例を紹介しましょう。

旧約聖書の「イザヤ書」には「王の僕」という存在が出てきますが、彼は神に従って正しく生きているのに、不当な仕打ちを受けて苦しみ、最後は死んでしまいます。これを新約聖書の観点から読めば、この人物はまさにイエス・キリストのことであると解釈し、彼の出現をあらかじめ告げ知らせるテクストだと解釈するのです。

このように、キリスト教徒にとって旧約聖書と新約聖書は双方向の関係にあります。

旧約聖書の理解があって初めて新約聖書が理解できるという方向と、新約聖書を踏まえてこそ初めて旧約聖書の語っていることの真意がわかってくるという方向です。この理解をユダヤ教徒の人はどう受け取るのか、聞いてみたいところです。

このように、キリスト教でも新たな聖典から古い聖書を解釈し直すことは行われていたのですね。『ガリレオシリーズ』の湯川学先生ではありませんが、実に面白い！　それ以外の宗教でも同様のことが起こりうるのかどうか確かめてみたいですが、時間と体力と、そして何より知力に限界があるので、私は問題提起だけして、実際の研究は誰か他の人に託します。

中国仏教の仏教者に継承された言い訳のＤＮＡ

では再び土俵を仏教に戻し、本書でここまで見てきたような言い訳のＤＮＡはその後の仏教徒にも確実に引き継がれていったことを確認します。

たとえば、中国仏教ではそれが教相判釈《きょうそうはんじゃく》（教判）として花咲きました。言葉は難しいですが、理屈は簡単なので説明します。インドでは初期経典に加え、膨大な大乗経典も作られ、それが中央アジアを経て中国に伝わります。そのさい、経典は歴史的な成立の順番をいっさい無視して中国にもたらされました。それを受け取る中国人からすれば、内容のまったく異なる大量の仏典が洪水のごとく押し寄せてくるわけですから、それをある一定の基準（尺度）に基づいて整理する必要に迫られたのです。

人間の脳は、何かにつけて物事を整理したがるようです。そのような脳の命令に逆らえなかった中国人は、それぞれ独自の基準や視点で大量の仏典を整理しました。この経典の整理整頓を教相判釈というのです。そして、それは客観的な整理整頓というよりは、膨大な仏教経典から自分はどれを最高の教えとして受け取るかという主観的な価値判断に基づいた整理整頓だったので、その整理整頓にあたっては、そうするだけの言い訳が必要でした。

「何でそんな分類をしたの？」とツッコミが入ったとき、「だって〜でしょ」と相手を説得できなければ、自分の教判は抹殺されてしまうからです。出家者生命を賭けて、必死だったに違いありません。こうして、言い訳のDNAは中国仏教にも継承されていったのです。

教判以外にも、インド仏教で培われた会通（言い訳）の精神は中国仏教にも、現代の日本仏教にも生きています。ここでは私に身近な例（浄土教および浄土宗に関する例です）を少しだけ紹介します。浄土教に関する経典はたくさんありますが、その中でもとくに阿弥陀仏の浄土を主に説明した経典が三つあります。これを「浄土三部経」（『無量寿経』『観無量寿経』『阿弥陀経』）といいますが、その中でも念仏往生の根拠を示す『無量寿経』は特に重要な経典です。

そこでは、阿弥陀仏が法蔵菩薩時代に世自在王仏のもとで立てた四八の誓願が説かれますが、その一八番目が念仏往生の根拠となります。そこでは「念仏すれば往生できますよ。ただし、五逆という極悪業を犯した人は除きますからね」と書かれています。一方、これも浄土三部経の一つである『観無量寿経』には、「五逆という極悪業を犯した人でも念仏すれば往生できますよ」と書かれています。

両者の記述は明らかに矛盾していますが、これを後の浄土教家はどう会通したか。両方とも大切な浄土教の経典です。一方だけを取って、他方を切り捨てることはできません。なかなかの難問です。ある浄土教家の答え。

「『無量寿経』では、そのような極悪業を〝まだ〟犯していない人に悪業を犯させないため、つまり止悪のためにそう説かれたのである。一方、『観無量寿経』では、極悪業を〝もうすでに〟犯してしまった人のために、そう説かれたのである。『観無量寿経』

の表現が本来的な立場ではあるが、最初からそう説けば、それに甘えて悪業を犯してしまう人が出てくる可能性があるから、方便としてそのような極悪人は往生できないと、母心、じゃなかった仏心でそう説いたまでのこと。だから両者は一ミリも矛盾しない」と。

どうです、完璧ですね。おそらく経典作者にそのような意図は微塵もなかったでしょうが、そう解釈すれば、阿弥陀仏の慈悲の奥深さが新たに発見され、浄土教、あるいは阿弥陀仏に新たな価値が創造されます。こうして教えは洗練され、経典に説かれる阿弥陀仏のイメージは刷新されていくのです。

日本の仏教研究者に継承された言い訳のＤＮＡ

さらにもう一つ、現代の日本の研究者にも継承された言い訳のＤＮＡのなせる業を紹介しましょう。これは浄土宗学のケースです。浄土宗を開いた法然はその教学を全面的に中国唐代の善導に依拠し、法然自体それを「偏依《へんね》善導一師《ぜんどういっし》」と表現しました。しかし、その教学を子細に検討すれば、善導の念仏は「本願念仏《ほんがんねんぶつ》」、法然の念仏は「〝選択《せんちゃく》〟本願念仏」で、まったく同じではありません。もっと言えば、法然は善導の考えをさらに進化させています。では、両者はどう違うのか。

善導の本願念仏は「阿弥陀仏の本願で約束された念仏を実践すれば、必ず往生できる」ことを意味します。これはその他の方法でも往生できることを必ずしも否定していません。しかし、法然の選択本願念仏は「阿弥陀仏は本願念仏を往生のための唯一の行として選択されたのであるから、念仏でしか往生できない」ことを意味します。つまり、これは他の方法での往生を基本的に認めません。「念仏すれば往生できる」と「念仏しなければ往生できない」には、大きな違いがあるのです。

歴史的に見れば、これほどの大きな違いがありますが、法然が「偏依善導一師」を建前とする以上、浄土宗学では「法然は善導の教えを超えた」とは言えないわけです。浄土宗学者の中には「偏依ではなく分依（部分的に依っただけ）だ」と主張する人もいましたが、正統派の理解は「偏依」です。法然自身が「偏依」と言っているのですから。

さあここでも、言い訳のDNAは遺憾なく発揮されます。伝統宗学者の深貝慈孝《ふかがいじこう》先生の解釈を紹介しましょう。ポイントは以下のとおりです。

「善導の念仏も法然の念仏も〝轍《わだち》〟はまったく同じである。違うのは〝車輪〟の大きさだけだ」と。私はこの解釈を見て、唸ってしまいました。「なるほど！　上手いこと言うなあ」と。

つまり、線路の幅（轍）は同じであるから、車輪の大きさは違っていてもよい、もっと言えば、関係ないという論法です。これは「善導の車輪は小さく、法然の車輪は大きい」ことを暗示していますが、「そんなの関係ねえ！」とばかりに、轍の同一性が強調されます。こう解釈すれば、法然の優位性をぼかしながらも、轍は同じということで、「偏依善導一師」をキープできますよね。お見事！

他の宗派の宗学でも、同様の事例はあると思いますが、他宗のことは他宗の宗学者にお任せいたします。ともかく、こうして言い訳のDNAは継承され、伝播する先々で仏教は多様化していくのでした。

見苦しい言い訳

毎日のニュースはさまざまな言い訳であふれています。政治家の不適切発言には必ず言い訳が伴います。「そういうつもりで言ったのではない。私が意図したことは〜だ。しかし、私の発言で不快な思いをされた方が〝いるとすれば〟、お詫びして、発言は撤回する」みたいな言説は、一年のうちに何度か耳にするようにも思います。政治家さん、後からであれば、何とでも理由づけはできますよ。

国会での証人喚問でよく使われたのが、「記憶にございません／覚えていません」でした。じつによくできた言い訳です。これは自分がやったことを否定していないからです。実際にはやったのに「やっていない」と言えば嘘になるので、「記憶にない」はこれを回避できる巧みな言い訳です。

言い訳は身近なところにいくらでも転がっています。何年か前、私が担当する授業の期末試験監督をしていたときのことです。「自筆ノートのみ持ち込み可」、つまり「自筆ノート以外は持ち込んではならない」という条件だったのですが、見回っていると、テキストを持ち込んでいる学生がいました。明らかに違反です。

私が注意すると、その学生はつぎのように言いました。「持ち込みましたが、見ていません！」。「いやいや、見る見ないの問題ではなく、持ち込み不可の物を持ち込んだことが問題でしょ」と言ったのですが、「いや、絶対に見ていません！」と言い張ります。「絶対に」で強調しても違反は違反であり、それが軽減されるわけではありません。「絶対に見てないのね。本当なのね。絶対ね。じゃあ許す」とでも私が言うと思ったのでしょうか。

人間は窮地に追い込まれると、とんでもない言い訳をするものです。遅刻の言い訳に、「いやあ、今日は自転車に乗り遅れたものですから」というのもあるそうです。真顔でこう言い訳できる人は相当な強者ですね。私も窮地に追い込まれれば、大人げない発言さえするでしょう。どんな言い訳であれ、自己保全の言い訳は見苦しいものです。

言い訳の価値を再発見する

本書の執筆にさいし、言い訳に関する本を何冊か読みました。脳科学者の池谷裕二先生によれば、そもそも人間の脳は言い訳するようにできているそうです。生物学的にそうであれば、この世から言い訳を抹殺することは不可能でしょう。ですから、誰でも言い訳をするのです。文豪も例外ではありません。

文豪は文章表現の達人なので、その言い訳も痛快無比・空前絶後で、自己保全の言い訳が味わい深いものにもなるようです。文豪の言い訳を扱った中川越さんは「おわりに」で、「言い訳の表面には、自他をケアするよい働きがあり、裏面には人品を低下させる悪い作用があります。そして、運用を誤ると、すぐ裏目が出て、自分を下落させ、相手を激怒させるので、余程注意が必要です」と、言い訳の二面性を指摘します。

　また、イラストレーターを本業とするハ・ワンさんは「言い訳（自己合理化）とは、悩み多き現実社会で、心折れずに生かしてくれる最後の砦なのだ。どこか一方からだけでなく、さまざまな角度から自分を映してくれる鏡でもある」と、言い訳の肯定的側面を指摘します。自己保全の言い訳が見苦しいことは言を俟ちませんが、言い訳には肯定的側面もあるようです。そのような視点から、最後にブッダ（つまり経典編纂者）の言い訳の価値を再発見してみましょう。

　そもそも、仏教の言い訳のもとは「自分たちが蒔いた種」ではありません。すでに過去の仏教者たちが伝承してきた文献と、その後に整備された教学との間に齟齬が生じたためになされた言い訳がほとんどです。仏説の文言を重視すれば、教理は破綻するし、教理を優先すれば、絶対的な権威を有する仏説の文言を変更しなければならなくなります。

　しかし、教祖ブッダが説かれたことを簡単には変更できません。とすれば、残された道はただ一つ、一見して繋がらない二つの文言をいかに会通するかです。本書ではこの会通を「言い訳」と置き換えて紹介してきましたが、それは決して自己保全ではありませんでした。三蔵すべてに論理的な整合性を持たせ、聖典総体としての完成度を上げたかっただけです。

そして、相容れない二つを何とか辻褄あわせ（会通）しようとすると、「瓢箪《ひょうたん》から駒」のように、今までにはなかった新たな価値が創造される場合もあります。これはまさに仏典のケミストリー（化学反応）と言えるでしょう。では最後に、復習のつもりで、このケミストリーが生み出した新たな仏教の価値を再確認してみます。

まずは仏教美術に注目します。当初、仏教は偶像崇拝を禁止していました。仏という無限の存在を有限の形で表現することを禁じたのですが、仏になる一歩手前の「菩薩」なら大丈夫とばかり、本来は「仏像」なのに「菩薩像」と言い訳したことがきっかけで、仏像の彫刻や絵画という仏教美術が花開いたのです。この言い訳がなかったら、仏教はずいぶん精彩を欠いた宗教になっていたでしょう。くわえて、舎衛城の神変にみられる言い訳も多彩な仏教美術の創造に貢献しました。

つぎに、業報思想の言い訳を取り上げます。業報思想には、過去世の業によって現世の苦果（差別）を正当化するという負の側面も確かにありますが、それは不条理な人生を何とか生き抜く希望をも与えてくれました。とくに、来世を積極的に認めることで浄土教が誕生し、それが今日でも多くの人々の心の支えになっていることも重要です。

そして「論蔵も仏説」という聖典解釈の言い訳は、図らずも大乗経典を誕生させました。また、その大乗経典の代表格である『法華経』が「方便」という言い訳を誕生させたことで、大乗仏教の教理は飛躍的に進化を遂げたのです。

また「菩薩」の言い訳は、仏教美術の誕生のみならず、「一世界一仏論」の大原則に抵触することなく、無仏の世に救済者を誕生させることにも成功しました。こうして大乗仏教のパンテオンは、観音菩薩をはじめとする多くの菩薩（および仏）で彩られることになります。

このように、仏教の言い訳のいくつかは、今日の仏教の隆盛を産み出す重要な要因になったのであり、またこの言い訳のＤＮＡが正しく継承されるならば、未来の仏教も多様化し、さらなる進化を遂げるに違いありません。「〝言い訳〟には〝良《い》い訳〟（プラス面）もある」と最後の最後に〝言い訳〟を重ね、本書を閉じることにします。最後までお読みいただき、ありがとうございました。

おわりに

本書の出版には、今までにない特別な思いがありました。それを最後に呟きます。

お寺に生まれたご縁で、私は仏教の研究を生業にするようになりました。大学への就職という僥倖にも恵まれ、さらには二〇一四年度から八年間、学長職にも就任し、貴重な体験もさせていただきました。その八年間、研究はいったん棚上げにせざるをえなかったのですが、学長職のストレス解消もかね（これも言い訳）、一般書の執筆に集中しました。お陰でその間、一四冊もの著書を出版できました。

晴れて学長職を退任した二〇二二年四月、今後の新たな人生をどう設計するかに直面しました。私もすでに還暦を過ぎ、第二の人生、というには早すぎるので、第一・五の人生を考える時期に来ていたのです。学長でなくなった今、学長職を言い訳に研究をサボることはできません。ですから、昨年の四月以降は本格的な研究生活に戻るべく、コテコテの研究書出版に向けて、ただいま絶賛準備中です。乞御期待！（誰も期待しとら

んか）

これは既定路線なのですが、この八年で一般書を出版する喜びも経験してしまいました。蜜の味を知ってしまったというか、これはこれで楽しいのです。専門書ではない形式と内容で、一般読者に仏教の価値を伝えることは仏教者の使命とも考えていたので、やり甲斐もありました。

ただ、これまでの一四冊の出版は、一般書とはいえ、どこか〝研究臭〟が漂い、自分で読んでも〝研究者臭い〟のです。研究者が書いているので当たり前なのですが、学長を辞めたんだし、もっと自由な立場で、今までとはまったく違ったスタイルで仏教を語ってみたいという衝動に駆られました。

それは何かというと、笑いやユーモアの要素を盛り込んだ仏教書です。幼少期より人を笑わせるのが大好きだったので、八年間被っていた「学長」の仮面を外した今、本来の自分を解放すべく、笑いとユーモアを基調にした仏教書を著してみたいと考えたのです。

とは言え、学長の残り香がまだ漂う退任直後の私が、いきなりそこに両足を踏み入れるには決断が要りました。しかし、そんな私の背中を優しくも力強く押してくれた仲間がいました。私の勤め先である京都文教大学職員の小栗英恵さんと井出大地さん。私の学長退任直後、二人はプライベートな慰労会を催してくれたのです。他には誰も声をかけてくれなかったので(哀)、二人からの心温まる申し出は全身の全細胞に滲みわたり(涙)、八年間の苦労が一気に報われた瞬間でした(喜)。

そのさい、今後の私の身の振り方を含め、今回の著書の企画を二人に打ち明けると、「是非、書いてください！」と熱心に励ましてくれたことで私の心が決まり、今回の出版となったのです。あらためてお二人の優しさに感謝申し上げるとともに、本書はお二人に捧げたいと思います。小栗さん、井出さん、ありがとうございました。

こうして原稿を仕上げたまではいいのですが、こんな〝キワモノ〟の原稿を出版してくれる〝モノズキ〟な出版社はあるのかと、一瞬不安に駆られました。しかし、私のギャグを理解してくれる編集者の名前がすぐに思い浮かびます。新潮社の金寿煥さん。さっそく原稿を送ると、「ギャグを全部カットするなら出版可能！」と、ギャグのような返事に一瞬コケそうになりましたが、「そんなご無体な！　それでは内容がスカスカになります！」と押し返し、最終的に「自虐（ハゲ）ネタはカットね」で折り合いがつきました。

最初の原稿はもっとハッチャケていたのですが、ずいぶんマイルドになりました。それでも私のお気に入りの箇所はなんとかキープできたので、大満足です。このような異端の原稿の出版を認めてくださった金さんの度量には、あらためて感謝感謝です。金さん、今回もお世話になりました。

二〇二三年四月一四日（待望の〝葵葉《あおば》〟芽生えし記念日に）

おわりに

【参考文献】

（第一章）
瀬戸内寂聴『釈迦』新潮社、二〇〇二年
高田修『仏像の起源』岩波書店、一九六七年
中村元『尼僧の告白：テーリーガーター』岩波書店、一九八二年
並川孝儀『ゴータマ・ブッダ考』大蔵出版、二〇〇五年
干潟龍祥・高原信一（訳）『ジャータカ・マーラー（インド古典叢書）』講談社、一九九〇年
平岡聡「ブッダは眠らない：インド仏教説話に見られる「夢」の事例」『人間学研究（京都文教大学人間学研究所）』四、二〇〇四年、八九‐一〇三頁
平岡聡『ブッダが謎解く三世の物語（下）』大蔵出版、二〇〇七年
平岡聡『大乗経典の誕生：仏伝の再解釈でよみがえるブッダ』筑摩書房、二〇一五年
Hiraoka, S. "The Relation between the *Divyāvadāna* and the *Mūlasarvāstivādavinaya*: The Case of *Divyāvadāna* Chapter 31," *Journal of Indian and Buddhist Studies*, 39-2, 1991, 17-19.

（第二章）

並川孝儀『ゴータマ・ブッダ考』大蔵出版、二〇〇五年
奈良康明「「真実語」について」『日本仏教学会年報』三八、一九七三年、一九－三八頁
平岡聡「「悪心出仏身血」説話の伝承：デーヴァダッタ伝説と仏陀の宿業」『渡邊文麿博士追悼記念論集：原始仏教と大乗仏教（上）』永田文昌堂、一九九三年、二八五－三〇二頁
平岡聡「業観の変遷：仏陀の宿業を中心として」『佛教論叢』三七、一九九三年、九－一三頁
平岡聡『説話の考古学：インド仏教説話に秘められた思想』大蔵出版、二〇〇二年
平岡聡「アングリマーラの言い訳」『仏教学セミナー』八七、二〇〇八年、一－一八頁
平岡聡『〈業〉とは何か：行為と道徳の仏教思想史』筑摩書房、二〇一六年
平岡聡『浄土思想入門』ＫＡＤＯＫＡＷＡ、二〇一八年
山辺習学『仏弟子伝』法藏館、一九八四年

（第三章）
今枝由郎『ブータン仏教から見た日本仏教』ＮＨＫ出版、二〇〇五年
片山明久（編）『旅行者と地域が創造する「ものがたり観光」：宇治・伏見観光のいまとこれから（京都文教大学地域協働研究シリーズ３）』ミネルヴァ書房、二〇二一年
定方晟『異端のインド』東海大学出版会、一九九八年
中村元『ブッダ最後の旅：大パリニッバーナ経』岩波書店、一九八〇年
平岡聡「独覚のアンビヴァレンス：有部系説話文献を中心として」『佛教研究』三四、二〇〇六年、一

三三 - 一七一頁
平岡聡『ブッダが謎解く三世の物語（上）』大蔵出版、二〇〇七年
平岡聡「慈悲としての神通・神変：有部系説話文献の用例を中心に」『日本仏教学会年報』七二、二〇〇七年、六三 - 七六頁
平岡聡「神通／神変の効能と使用上の注意：説話文献の用例を中心に」『佛教研究』三六、二〇〇八年、二〇九 - 二二九頁
平岡聡『法華経成立の新解釈：仏伝として法華経を読み解く』大蔵出版、二〇一二年
宮治昭『インド仏教美術史論』中央公論美術出版、二〇一〇年
Brown, R. L. "The Śrāvastī Miracles in the Art of India and Dvāravatī," *Archives of Asian Art*, 37, 1984, 79-95.
Strong, J. *The Buddha : A Short Biography*, Oneworld Pubns : 2001.
Strong, J. *Relics of the Buddha*, Princeton University Press : 2004.

（第四章）
池田練太郎「仏教教団の展開」奈良康明・下田正弘（編）『仏教の形成と展開（新アジア仏教史 02 インドⅡ）』佼成出版社、二〇一〇年、一一九 - 一六四頁
三枝充悳『ブッダとサンガ：〈初期仏教の原像〉』法藏館、一九九九年
佐々木閑『出家とはなにか』大蔵出版、一九九九年

ショペン、グレゴリー（小谷信千代訳）『大乗仏教興起時代　インドの僧院生活』春秋社、二〇〇〇年
平岡聡『ブッダの大いなる物語：梵文『マハーヴァストゥ』全訳（上）』大蔵出版、二〇一〇年
平岡聡『南無阿弥陀仏と南無妙法蓮華経』新潮社、二〇一九年
平川彰『律蔵の研究Ⅱ（平川彰著作集第10巻）』春秋社、二〇〇〇年

（第五章）

瓜生津隆真『龍樹：空の論理と菩薩の道』大法輪閣、二〇〇四年
大南龍昇「大乗経典のゴーストライター」『印度学仏教学研究』三九－二、一九九一年、五二四－五二九頁
下田正弘『涅槃経の研究：大乗経典の研究方法試論』春秋社、一九九七年
中村元『ナーガールジュナ（人類の知的遺産13）』講談社、一九八〇年
平岡聡『ブッダが謎解く三世の物語（上）』大蔵出版、二〇〇七年
平岡聡「大乗経典は燃灯仏をどう利用したか」『智慧のともしび：アビダルマ佛教の展開：インド・東南アジア・チベット篇』山喜房佛書林、二〇一六年、四五一－四六八頁
本庄良文「阿毘達磨仏説論と大乗仏説論：法性、隠没経、密意」『印度学仏教学研究』三八－一、一九八九年、五九－六四頁
本庄良文「毘婆沙師の三蔵観と億耳アヴァダーナ」『仏教論叢』三五、一九九一年、二〇－二三頁
本庄良文「経の文言と宗義：部派仏教から『選択集』へ」『日本仏教学会年報』七六、二〇一一年、一

〇九－一二五頁
MacQueen, G. "Inspired Speech in Early Mahāyāna Buddhism 1," *Religion*, 11, 1981, 303-319; *ibid*. 12, 1982, 49-65.
Wayman, A. "Nāgārjuna : Moralist Reformer of Buddhism," *Studia Missionalia*, 34, 1985, 63-95.

（第六章）

池谷裕二『脳はなにかと言い訳する：人は幸せになるようにできていた⁉』祥伝社、二〇〇六年
中川越『すごい言い訳！：二股疑惑をかけられた龍之介、税を誤魔化そうとした漱石』新潮社、二〇一九年
ハ・ワン『今日も言い訳しながら生きてます』ダイヤモンド社、二〇二一年
平岡聡「インド仏教における差別と平等の問題：業報輪廻説の功罪」『臨床心理学部研究報告』二、二〇〇九年、六五－七四頁
平岡聡『仏と菩薩：初期仏教から大乗仏教へ』大法輪閣、二〇二二年
深貝慈孝「「偏依善導一師」について」『佛教大学研究紀要』六二、一九七八年、一－三二頁
山本芳久『キリスト教の核心をよむ』ＮＨＫ出版、二〇二一年

平岡　聡　1960（昭和35）年京都市生まれ。京都文教大学教授。佛教大学大学院文学研究科博士後期課程満期退学。博士（文学）。著書に『南無阿弥陀仏と南無妙法蓮華経』『親鸞と道元』など。

Ⓢ新潮新書

1008

言《い》い訳《わけ》するブッダ

著　者　平岡《ひらおか》　聡《さとし》

2023年8月20日　発行

発行者　佐　藤　隆　信

発行所　株式会社 新潮社

〒162-8711　東京都新宿区矢来町71番地
編集部(03)3266-5430　読者係(03)3266-5111
https://www.shinchosha.co.jp
装幀　新潮社装幀室

印刷所　錦明印刷株式会社

製本所　錦明印刷株式会社

ISBN978-4-10-611008-5　C0215